선생님을 위한

두근두근
처음 도서관

선생님을 위한
두근두근
처음 도서관

박성희, 유남임, 이윤희, 황은영 지음

여는 글

도서관 교육의
경험과 지혜를 공유합니다

2019년 무더운 여름, 신규 사서교사를 위한 연수를 운영하고 있을 때의 일이다. 학교도서관 운영, 도서관 활용수업 운영, 독서교육 등의 연수가 끝나고 담소를 나눌 시간이 있었다. 학교생활 중에서 가장 걱정되는 것이 무엇이냐고 물었더니 신규 선생님들은 기다렸다는 듯이 수업에 대한 고민을 털어놓았다. 학교도서관 관련 정규 교육과정이나 교과서가 없는 상태에서 교사의 역량만으로 수업해야 하니 신규 선생님들이 어려움을 느끼는 것도 당연하다.

이 책은 교과서나 커리큘럼 없이 학년별 도서관 이용 교육을 시작해야 하는 신규 사서교사들에게 도움이 되고 싶은 마음에서 시작되었다. 10년 넘게 학교도서관에서 근무한 선배 사서교사들이 시행착오를 거치면서 실행했던 수업과 활용 자료를 정리해 책으로 묶었다.

같은 마음을 가진 네 명의 사서교사가 모여 먼저 학년별로 어떤 수업을 했는지, 아이들의 정보 활용 능력과 문제 해결 능력을 키우는 수업에는 어떤 것들이 있는지 이야기를 나누며 정리해 보았다. 이어서 학년별 수업 키워드를 뽑고, 그 키워드를 바탕으로 성취기준을 만들면서 도서관 교육의 체계를 잡아 나갔다. 저학년은 도서관 이용기술을 습득하는 내용으로 키워드를 선정하였고, 고학년은 도서관을 활용한 연구 방법을 배우는 내용으로 구성하였다. 수업 시간에 다룰 내용과 주제를 정하고, 수업 체계를 잡으면서 부족한 점과 더 보완해야 할 것은 무엇인지를 되돌아보는 계기가 되었다. 다양한 연구자료와 학교 현장의 경험을 살려 도서관 교육의 체계를 잡아 보았지만, 사서교사들의 수업에 대한 고민과 갈증이 해소되는 데는 여러모로 부족할 것이다. 다만 신규 사서교사들이 학년별로 수준에 맞는 수업을 설계하고 자신들만의 창의적인 수업으로 실천해 나가는 데 작은 도움이 되었으면 한다.

이 책은 1~2학년을 대상으로 한 도서관 이용 수업의 내용과 방법을 담았으며, 앞서 발간된 『두근두근 처음 도서관: 초등 도서관 교육 워크북』(이하 워크북)을 활용하는 방법과 도서관 교육의 심화과정으로 이루어져 있다. 워크북은 학교도서관을 처음 이용하는 1~2학년이 재미있게 도서관 이용 수업에 참여할 수 있도록 활동지 위주로 구성했다. 워크북 구성 내용을 하나하나 채워가다 보면 도서관이 어떤 곳인지, 도서관에서 무엇을 할 수 있는지, 자료는 어떻게 활용해야 하는지 등을 쉽게 알 수 있다. 중간중간 나만의 대출증 만들기, 도서관 지도 그리기, 게임과 노래 등 재미있는 활동들이 있어 지루하지 않게 공부할 수 있다.

앞서 말했듯이 수업에 대한 고민은 필자들에게도 여전히 현재진행형의 과제이다. 책을 보다 보면 수업 방법에 대해 아쉬움과 한계를 발견할 수도 있을 것이다. 그러나 이 책이 각자의 경험을 연결하고 노력의 결과를 공유하는 데 작은 노둣돌 역할을 하고 초등 도서관 교육의 밑거름이 될 수 있기를 기대해 본다.

여는 글 | **도서관 교육의 경험과 지혜를 공유합니다** 05

1장 | 똑똑똑, 학교도서관은 처음입니다만 13

첫 '민주시민교육'의 장, 학교도서관 15
학교도서관에 세상 모든 것이 있다 17
1학년 때 배워 100세까지 활용한다 17
아이들과의 특별한 만남 18

학교도서관에서 무엇을 배울까? 20
도서관 교육의 학년별 키워드 23
교육 영역별 성취기준 26
도서관 교육 수업 설계 29

2장 | 도서관 교육 이렇게 시작해요 33

평생 습관을 결정 짓는 첫걸음 35

도서관은 어떤 곳일까? : 도서관 이해하기 36

도서관 이렇게 이용해요 : 도서관 예절과 규정 알기 40
    모두를 위해 지켜야 하는 도서관 예절 41
    도서관 규정 이해하기 42
    대출·반납 직접 해보기 43

책표지에 중요한 정보가 있어요 45
    학교도서관에 이런 책도 있어? 47
    내가 읽고 싶은 책은 어디에 있을까? 48
    책표지를 읽어요 49
    • 이런 활동도 할 수 있어요 : 책표지 퍼즐 완성하기 / 공통점 찾기 51

도서관 부루마블 : 보드게임으로 배운 내용 복습하기 53
    • 이런 활동도 할 수 있어요 : 부루마블을 활용한 독서행사 55

3장 | 정보 활용 능력을 키우는 도서관 교육 57

우리 도서관을 소개해요 : 도서관 홍보하기 59
    그림책으로 마음 열기 60
    도서관 골든벨 퀴즈 61
    우리 학교 도서관을 홍보해요! 62
    • 이런 활동도 할 수 있어요 : 도서관 주문을 외워라! 63

책의 구조에 대해 알아봅시다 64
　책등이 뭐예요? 64
　공통점을 찾아요 65
　다양한 띠지 디자인 69
　띠지 만들어 책 소개하기 71
• 이런 활동도 할 수 있어요 : 이 책을 추천합니다 73

표제지와 판권지를 살펴봐요 74
　책 정보를 자세히 알 수 있어요 74
　판권지 따라 써 보기 76
• 이런 활동도 할 수 있어요 : 판권지 게임 76

책을 분류하는 규칙이 있어요 77
　도서관에 있는 책들의 비밀을 밝혀라 78
　십진분류표 쉽게 이해하기 79
　비슷하지만 조금 다른 번호 83
• 이런 활동도 할 수 있어요 : KDC 책 빙고 83

십진분류에 대해 알아봅시다 85
　책등에서 분류번호를 찾아요 86
　청구기호는 어떻게 만들어질까? 86
　십진분류법 심화 활동 87
• 이런 활동도 할 수 있어요 : 주제별로 모여라 89

문학과 비문학은 어떻게 다를까요? 91
　문학과 비문학 구분해 보기 93
　문학과 비문학에 맞는 독서 표현활동 96
　문학 그림책을 활용한 주제별 독서활동 99

도서관 보물지도를 만들어요 101
공포의 해적 듀이가 누구야? 102
그림책 읽고 토론하기 103
KDC 되돌아보기 105
해적 듀이가 되어 직접 만들어 보는 도서관 보물지도 106
• 이런 활동도 할 수 있어요 : 도서관에서 보물찾기 109

관심 있는 주제를 조사해요 111
책의 주소를 알려 주는 청구기호 112
4단계로 조사 활동해 보기 114
교과 연계 조사 활동 [자연과학] 118
교과 연계 조사 활동 [인문과학] 124
개별 조사 활동 [자율 주제] 128

4장 | 도서관 교육 Q&A 131

닫는 글 | 아이들에게 도서관이 멋진 보물섬이길 150

부록 | 1-2학년 교과 연계 주제별 도서 목록 :
가족, 계절, 다양한 책 모양, 도서관 이용,
독서의 즐거움, 명절, 생명 존중, 안전, 입학, 친구 153

일러두기

- 이 책은 초등 1~2학년 대상 도서관 교육의 교사용 안내서이자 『두근두근 처음 도서관: 초등 도서관 교육 워크북』의 해설서입니다. 본문에 언급된 워크북은 모두 『두근두근 처음 도서관』을 가리킵니다.
- 2장은 도서관 이용 교육을 중점으로 살펴보며, 주로 1학년 도서관 교육 과정에 해당합니다.
- 3장은 도서관 이용 교육의 심화과정으로, 주로 2학년 도서관 교육 과정에 해당하며, 교육과정과 연계해서 수업할 수 있습니다. 정보 활용 교육도 다루고 있어 3학년 도서관 교육에 적용할 수도 있습니다.

1장

똑똑똑,
학교도서관은
처음입니다만

책보다 재미있는 즐길 거리가 넘쳐나는 시대지만 학교도서관
이용 방법을 제대로 알게 된다면, 아이들은 학교도서관
안에서 우주를 경험할 수 있다. 학교도서관에는 세상의 모든
지식과 이야기를 잘 정제하여 모아 놓은 좋은 책과 언제든
이용할 수 있는 컴퓨터 또는 태블릿 PC, 그리고 각종 DVD,
CD 등이 기다리고 있다. 학교도서관에서 소장하는 자료는
이용자와 시대 흐름을 반영한 기준에 의해 선별된 것으로,
정확하고 신뢰도 높은 정보를 제공한다.

첫 '민주시민교육'의 장, 학교도서관

갓 입학한 1학년 아이들은 담임선생님을 따라 학교를 둘러본다. 학교가 어떻게 생겼고 어디에 무엇이 있는지 알아보기 위해서이다. 이때 빠지지 않고 들르는 곳이 있는데, 바로 학교도서관이다.

"여기가 학교도서관이에요."라는 선생님의 말씀이 끝나자마자, 여기저기서 "우와!" 하는 탄성이 나온다. 교실보다 더 넓고 아늑하며 수많은 책이 서가에 꽂혀 있는 학교도서관이 1학년 아이들의 눈에는 마치 새로운 세상처럼 신기해 보이는 것이다.

학교도서관은 단순히 책을 보거나 빌려 가는 곳이 아니다. 학교도서관에서 아이들은 여러 사람과 함께 도서관을 이용하는 방법과 지켜야 할 예절·규칙을 배운다. 또, 나에게 필요한 정보를 스스로 찾아보고, 사서교사에게 도움을 요청할 수도 있다. 어떤 사회 문제나 함께 해결해야 할 과제에 관하여 적절한 정보를 선택한 후, 다양한 정보원의 출처를 확인하고 신뢰도를 판단하는 능력을 키울 수 있다. 원하는 책이 없을 때는 희망도서 신청 기간에 적극적으로 신청하고, 구입 여부를 확인하고, 학교도서관 프로그램에도 참여하는 등 적극적인 태도를 키워간다. 이런 과정을 통해 아이들은 자연스럽게 나와 다른 사람을 이해하고 존중하는 법을 익히고 공동체 안에서 살아가기 위해 갖추어야 할 덕목을 깨달으며 건강한 민주시민으로 성장할 수 있다.

다음은 민주시민 교과서에서 학생 발달 단계에 따른 민주시민 의식 계발의 주안점을 옮겨온 것이다. 학교도서관 교육과의 연관성을 생각하며 참고하기 바란다.

학생 발달 과정을 고려한 민주시민 의식 계발의 주안점

학년군	민주시민 의식 역량 계발의 주안점
1-2학년	• 규칙과 질서 배우기 • 따돌림, 폭력 등을 허용하지 않는 것을 배우기 • 함께 생활하는 방법 배우기 • 나와 다른 사람 이해하고 존중하기
3-4학년	• 규칙과 질서의 필요성을 알고 지키기 • 다양성을 수용할 수 있는 능력 기르기 • 타인 배제, 인권 침해, 폭력 등을 허용하지 않는 것을 체득하기 • 공동체 안에서 살기 위해 갖추어야 할 덕목 깨닫기 • 민주적 과정에 의거한 행동 규범 수용하기
5-6학년	• 타인 배제, 인권 침해, 폭력 등을 허용하지 않는 것을 체득하기 • 인권의 의미와 중요성 이해하기 • 민주적 과정에 의거한 행동 규범 지키기

학교도서관에 세상 모든 것이 있다.

　학교도서관에서 하는 독서교육과 각종 프로그램은 다양한 교과와 연계되어 융합적 사고를 하게 해준다. 대체로 공간도 잘 갖추어진 편이라 아이들이 편안하고 안전하게 시설을 이용할 수 있다. 무엇보다 혼자 해결하기 힘든 정보 탐색이 있다면 정보 전문가인 사서교사에게 질문하며, 친구들과 함께 찾아볼 수 있어 매력적이다. 해결해야 할 과제에 대해 여럿이 힘을 합쳐 방법을 찾아보고 탐구하는 과정에서 아이들은 타인의 이야기에 귀 기울이고, 때로는 격렬하게 토론하기도 하며 서로 존중하는 법과 세상을 살아가는 법을 배우게 된다.

　수업을 해 보면 관심사가 분명한 아이보다 그렇지 않은 아이들이 훨씬 많다. 그런 아이들에게 관심 주제를 찾아보라고 하면 어디서부터 시작해야 할지 몰라 막막해 한다. 이럴 때는 좋아하는 것이 무엇인지 떠올려보고 그것과 관련이 있는 책을 찾아보게 한다. 처음에는 어쩔 줄 몰라 여기저기 왔다 갔다, 서가에서 장난을 치기도 하지만 시간이 지나면 서가의 구석구석을 지나다니며 책을 본다. 다소 시간이 걸리더라도 아이들이 서가 속을 다니며 도서관 속에 있는 다양한 주제를 만나고 그동안 몰랐던 새로운 세상을 알아갈 수 있도록 사서교사는 인내심을 갖고 기다리며 안내해주어야 한다.

1학년 때 배워 100세까지 활용한다

　학교도서관에서 배우는 '도서관 이용법'은 세계 여러 나라마다 다를까? 조금씩 차이는 있겠지만 기본적인 방법은 같다. 사실 도서관 이용법을 알면 아이들 스스로 문제를 해결할 수 있어 자연스럽게 자기 주도적 학습을 실천하게 된다. 얼마나 놀라운가! 도서관 교육을 몸으로 확실히 익히는 것은 교과 학습을 넘어 평생 학습 차원에서도 매우 중요하다.

잘 알려진 독서가인 빌 게이츠의 어린 시절 일화에는 도서관이 자주 등장한다. 동네 도서관에서 유년 시절의 많은 시간을 보낸 빌 게이츠는 열 살이 되기 전에 백과사전 전체를 읽고 공립도서관에서 열린 독서경진대회에서 아동부 1등과 전체 1등을 차지한 적도 있다. "오늘날의 나를 만든 것은 동네 도서관이다. 멀티미디어 시스템이 정보 전달 과정에서 영상과 음향을 사용하지만, 문자 텍스트는 여전히 세부적인 내용을 전달하는 최선의 방식이다. 나는 평일에는 최소한 매일 밤 1시간, 주말에는 3-4시간의 독서 시간을 가지려 노력한다. 이런 독서가 나의 안목을 넓혀 준다."고 그는 말한다.

저학년 때부터 도서관을 제대로 이용한 아이들은 어린 시절의 빌 게이츠처럼 수많은 책과 정보 속에서도 자신이 원하는 내용을 곧잘 찾아내어 나만의 정보로 만드는 것에 익숙하다. 요즘처럼 눈만 뜨면 정보가 쏟아지는 세상에서 내가 원하는 정보를 찾아, 내 것으로 만들어 정보를 재생산하는 능력은 미래 사회 생존에 중요한 열쇠이자, 평생 스스로 배우는 힘을 키우는 것과 같다.

아이들과의 특별한 만남

학교도서관에서 도서관 수업을 처음 하는 교사라면 수업 내용 구성과 준비 등 모든 것에 막막함을 느낄 것이다. 다양한 동기유발 자료, 눈길을 끄는 수업 방법 등도 중요하지만 도서관 교육은 무엇보다 학교도서관이라는 공간에서 이루어지는 아이들과의 특별한 만남이라는 데 초점을 두어야 한다. 아이들이 창의적인 민주시민으로 성장하도록 돕기 위해 학교도서관을 어떻게 운영하고, 수업의 목표는 어떻게 세울 것인지 교사로서의 고민이 선행될 때 수업의 방법론이 힘을 가질 것이다.

아래의 표는 도서관의 기본적인 운영원칙과 미래 비전을 담은 '랑가나단의 도서관학 5법칙'과 '마이클 고먼의 신도서관학 5법칙'을 담은 것이다. 도서관의 역할과 도서관 교육의 필요성을 다음과 같이 연관 지어 생각해 볼 필요가 있다.

랑가나단 도서관학 5법칙	마이클 고먼의 신도서관학 5법칙
1. Books are for use. (책은 이용하기 위한 것이다) 2. Every reader his/her book. (모든 독자는 자신이 필요로 하는 책이 있다) 3. Every book its reader. (모든 책은 그것을 필요로 하는 독자가 있다) 4. Save the time of the reader. (도서관 이용자의 시간을 절약하라) 5. The library is a growing organism. (도서관은 성장하는 유기체이다)	• 제 1법칙. 도서관은 인류를 위해 봉사한다. (Libraries serve humanity) • 제 2법칙. 지식을 전달하는 모든 형태를 도서관 자료로 고려하라. (Respect all forms by which knowledge is communicated) • 제 3법칙. 도서관 서비스를 향상시키기 위해 기술을 적절히 활용하라. (Use technology intelligently to enhance service) • 제 4법칙. 지식에 대한 자유로운 접근을 수호하라. (Protect free access to knowledge) • 제 5법칙. 과거를 명예롭게 여기고 미래를 창조하라. (Honor the past and create the future)

학교도서관의 모든 자료는 이용하기 위해 있는 것이고, 학교도서관을 이용하는 사람이라면 누구나 적절한 교육과 자료를 제공받을 수 있어야 한다. 또한, 사서교사는 학생 및 교직원들이 자료를 가장 편리하고 신속하게 이용할 수 있도록 서가의 배열 및 목록 등을 안내해야 한다.

'성장하는 유기체'로서 도서관은 아이들이 진정으로 원하는 자료를 찾아 발견하는 기쁨을 누리고, 충분한 시간을 들여 탐구하고 성장해 나갈 수 있도록 끊임없는 변화를 도모해야 한다. 학교도서관이라는 물리적 환경뿐만 아니라 온라인 환경에서도 책을 읽고 양질의 콘텐츠를 이용할 수 있도록 태블릿 PC와 인터넷 환경 구축, 콘텐츠 개발에도 신경 써야 한다. 이러한 원칙과 비전을 생각하며 도서관 교육을 통해 학교도서관에서 이루어지는 아이들과의 수업을 구성해 보길 권한다.

학교도서관에서 무엇을 배울까?

"작년에 초등학교 사서교사로 첫 발령을 받아 전 학년을 대상으로 도서관 이용 방법, 도서관 이용 예절 등을 가르치는 도서관 이용 교육을 했어요. 아이들도 이제는 도서관 이용에 익숙해졌는데, 올해 2~6학년은 도서관 교육 시간에 어떤 것을 가르쳐야 할까요? 특히 고학년 아이들과는 어떤 활동을 해야 할지 잘 모르겠어요."

학년 초가 되면 신규 사서교사, 저경력 사서교사 중에 이런 고민을 이야기하는 사람들이 많다. 도서관 활용 수업을 하라는데 정해진 교과서도 없고 학년별 커리큘럼이 따로 있는 것도 아니니 처음 수업을 계획하는 교사들이 어려움을 느끼는 건 어쩌면 당연한 일이다. '도서관 이용 방법과 이용예절을 가르치는 도서관 교육을 했는데 또 무엇을 가르쳐야 하나요?'라는 질문은 도서관 교육의 범위를 도서관 시설 활용으로 한정한 데서 비롯된다.

도서관 교육은 도서관 이용기술과 연구 방법을 아우르는 것이다. 이용기술은 도서관을 구성하는 3요소인 시설, 자료, 사람별로 구체화된다. 도서관 이용 시간과 이용 방법 및 도서관의 기자재를 활용하는 법은 시설 이용 교육에 속하며, 대출·반납과 참고자료 활용, 책의 구조 이해, 인용하는 방법 등은 자료 활용 이용 교육에 속한다. 사서교사나 자원봉사자의 역할, 도서관에서 만나는 다양한 사람들과 함께 도서관을 이용하는 방법은 사람 관련 이용 교육이다.

나아가 도서관 교육의 목표는 어떠한 문제에 직면했을 때 도서관의 시설, 자료, 사람을 활용하여 문제를 스스로 해결할 수 있도록 하는 것이다. 따라서 단순 도서관 이용기술뿐만이 아니라 도서관을 활용한 연구 방법, 문제 해결 방법도 도서관 교육에 포함되어야 한다. 아이들은 도서관 교육을 통해 정보 활용 능력과 문제 해결 능력을 키우게 될 것이다. 도서관 교육의 범위를 표로 정리하면 다음과 같다.

표 1. 도서관 교육의 범위

	시설	자료	사람
도서관 이용 기술	• 도서관의 위치 • 도서관의 공간별 이용 방법 • 도서관 이용 시간 • 도서관 이용 방법 (소장자료 검색용 컴퓨터, 정보 검색용 컴퓨터, 복사기, 프린터, 책수레 등) • 서가 배치 • 자료의 배열 방법	• 대출, 반납하는 방법 • 소장자료 검색 방법 • 자료의 분류 방법 • 청구기호의 역할 및 활용 방법 • 참고자료의 종류 및 특징 • 참고자료 활용 방법 • 책의 구조 • 책의 표제지와 판권지 • 문학과 비문학의 비교 • 인용하는 방법 (출처 표기법)	• 사서교사의 역할 • 자원봉사자의 역할 • 사서교사에게 도움 요청하는 방법 • 다른 사람들과 함께 도서관을 이용하는 방법(이용 예절, 독서 위생)

↓ ↓ ↓

연구 방법	• 주어진 문제 확인 및 나만의 문제 만들기 • 효과적으로 정보에 접근하고 수집하는 방법 • 정보를 분석하고 평가하는 방법 • 목적에 따라 다양한 형태의 정보원을 활용하는 방법 • 사실과 의견 구별하는 방법 • 정보를 종합하고 새로운 형식으로 표현하는 방법 • 연구보고서 작성 및 검토하는 방법 • 정보활용 과정과 정보활용 결과물을 평가하는 방법

도서관 교육의 학년별 키워드

도서관 교육은 범교과적이며 도구적 성격을 가지고 있다. 도구란 어떤 목적을 이루기 위한 수단이나 방법을 말한다. 도서관 교육을 통해 배운 정보 활용 방법과 문제 해결 방법은 다양한 교과 학습과 일상생활에서 마주치는 문제를 해결하는 데 유용한 도구가 된다. 그래서 도서관 교육은 교과와 연계하여 계획되어야 하며, 지식 자체보다는 기능 향상과 태도 함양에 중점을 둔다. 기능과 태도는 단번에 습득되는 것이 아니다. 단순한 기능을 시작으로 심화 기능을 배우고, 배운 것이 익숙해질 때까지 꾸준히 반복해야 한다. 22쪽 도서관 교육의 학년별 키워드는 표 1의 범주별로 키워드를 뽑고 도서관 교육의 성격과 교과 연계성 등을 고려하여 단계화한 것으로, 학년별 도서관 교육의 핵심 내용을 한눈에 보여준다.

표를 보면 알 수 있듯이 학년이 올라갈수록 도서관 교육의 주요 내용이 도서관 이용 기술에서 연구 방법으로 심화되며, 활용하는 정보원도 인쇄 매체에서 인터넷 등 다양한 매체로 확장된다.

1학년은 학교도서관을 처음 이용하는 아이들이다. 교과 시간 중에 학교를 둘러보며 특별실을 안전하게 이용하는 방법, 공공기관을 이용할 때 지켜야 할 예절 등을 배운다. 도서관 교육도 시설 이용 방법 및 이용 예절, 자료 이용의 기본인 대출, 반납을 익숙하게 하는 것에 중점을 두었다.

2학년이 되면 1학년 때 배운 도서관 이용 방법을 바탕으로 자료 이용 방법의 기초를 배운다. 기본적인 검색 방법, 책의 구조, 도서관 자료의 주제 분류 방법, 주제별 독서 방법(문학과 비문학 독서)을 알려준 후 통합교과와 연계해 간단한 자료 조사를 시작한다.

표 2. 도서관 교육 학년별 키워드

도서관 이용 기술 ↑	**1학년**	• 도서관의 역할 • 도서관 용어 • 도서관 예절 • 대출·반납 방법 • 도서관 규정	• 그림책 찾기 • 도서 검색 방법 • 도서관 구조 • 책표지 읽기
	2학년	• 책의 구조 • 표제지와 판권지 • 도서 검색 방법 • 십진분류법(대분류)	• 청구기호의 인지 • 문학과 비문학 • **정보의 필요성** • **책으로 조사하기**
	3학년	• 독서교육종합지원 시스템 이용 방법 • 십진분류법(중분류) • 참고도서(사전, 도감)의 활용 • 목차와 색인	• 청구기호의 구조 • **책으로 조사하기**(super3) • **핵심어(검색어)의 개념** • **간략한 자료의 출처 표기**
	4학년	• 독서교육종합시스템 활용 • 청구기호의 활용 • 인터넷 검색 방법 (누리집, 인터넷백과 등) • **Big6의 이해**	• **Big6의 적용**(1단계: 나만의 주제 만들기 중심) • **출처 표기법** • **저작권** • 주제별 독서 방법
	5학년	• **Big6의 적용** • **다양한 매체의 특징 및 활용법** • **다양한 매체의 출처 표기법**	• **정보 평가** • **저작권**
연구 방법 ↓	**6학년**	• **Big6 활용 프로젝트** • **다양한 매체의 활용**	• **정보 윤리**

* 연구 방법 키워드: 진하게 표시된 부분

3학년부터는 교육과정에 국어사전을 시작으로 다양한 정보원을 활용하는 수업이 있다. 3~4학년 도서관 교육은 다양한 사전, 도감, 백과사전 등 참고정보원을 활용하는 방법과 정보 활용을 위한 정보 문제 해결 모형의 각 단계를 익히는 교육을 한다.

학생 스스로 교과 학습 또는 일상생활 중의 문제를 해결하는 데 도움을 주는 정보 문제 해결 모형으로 Big6*와 Super3가 있다. Big6는 총 6단계로 이루어졌으며, Super3는 Big6를 저학년이 활용할 수 있게 3단계로 단순화한 모형이다.

정보 문제 해결 모형 Big6와 Super3 비교

정보 문제 해결 모형	1단계	2단계	3단계	4단계	5단계	6단계
Big6	문제 정의하기	정보 탐색 전략 수립	정보원 위치 파악 및 접근	정보 활용	정보 종합	평가하기
Super3	계획하기		실행하기			되돌아보기

독서교육종합지원시스템은 현재 초등학교에서 활발히 활용되지는 않으나 중·고등학교에서 독서 이력으로 활용하는 학교도 있으므로 3학년부터 독서교육종합지원시스템 이용 방법을 알고 활용할 수 있도록 했다. 5학년

---

* Big6는 워싱턴대학교의 아이젠버그(M. Eisenberg) 교수와 웨인센트럴고등학교 도서관의 미디어 전문 사서 베르코비츠(R. Berkowitz)가 미취학 아동에서부터 고학력자에 이르는 수천 명의 경험을 바탕으로 개발한 정보 문제 해결을 위한 모델로, 현재 미국의 수천 개 학교에서 활용하고 있다.

교육과정에 다양한 미디어와 정보윤리(올바른 미디어 이용 방법)에 관한 내용이 나오기 때문에 5~6학년은 다양한 미디어, 매체를 활용하여 연구하는 방법과 저작권 등을 배우게 된다. 연구문제 정의부터 최종 결과물과 정보 활용 과정을 평가하는 Big6 전 과정을 적용한다.

도서관 교육 키워드는 학년별로 어떤 내용을 가르쳐야 할지에 대한 기준을 제시한 것이다. 물론 배정받은 연간 수업 차시, 학생 수준에 따라 학년별로 가르칠 내용을 선별하거나 통합해도 된다. 해당 학년에서 집중적으로 가르치되, 학년 간 연계성을 바탕으로 다른 학년에서도 융통성 있게 가르칠 수 있다. 예를 들어 1학년 때 도서관 교육을 받지 못했다면 1학년 때 배웠어야 할 내용을 2학년 때 통합하여 가르치며, 지난해에 가르친 것이지만 아이들이 여전히 어려워하는 내용이 있다면 반복하여 가르친다.

교육 영역별 성취기준

도서관 교육의 내용 체계를 세우기 위해 학년별 키워드를 다시 '도서관', '다양한 정보원', '분류와 청구기호', '정보 활용'으로 분류하여 도서관 교육의 영역을 구분해 보았다. 도서관 구성의 3요소 중 시설과 사람에 관련한 도서관 이용기술을 '도서관' 영역으로 합쳤고, 자료와 관련한 도서관 이용기술은 '다양한 정보원'과 '분류와 청구기호'로 세분하였다. '정보 활용' 영역은 도서관을 활용한 연구 방법에 관한 교육이다. 도서관 교육 영역에 따라 학생들이 갖추어야 할 지식, 기능, 태도를 고려하여 각 영역의 성취기준을 만들었다. 성취기준은 교육을 통해 학생들이 배워야 할 지식과 기술의 수준을 서술한 것으로 그 내용은 다음과 같다.

표 3. 도서관 교육 성취기준

영역	성취기준
도서관	01. 도서관의 정의와 역할을 이해한다.(지식) 02. 도서관 예절을 알고 생활 속에서 실천한다.(지식, 태도) 03. 도서관 이용 방법을 알고 목적에 따라 도서관을 활용한다.(지식, 기능) 04. 도서관의 구조를 알고 원하는 자료를 찾는다.(지식, 기능) 05. 독서교육종합지원시스템 이용 방법을 이해한다.(지식) 06. 독서교육종합지원시스템을 활용하여 독서활동을 한다.(기능)
다양한 정보원	01. 책의 구조를 알고 책에 대한 정보를 찾는다.(지식, 기능) 02. 판권지에 대해 이해하고 정보의 출처를 표기한다.(지식, 기능) 03. 참고도서의 종류와 특징을 이해한다.(지식) 04. 참고도서를 활용하여 필요한 정보를 조사한다.(기능) 05. 목차와 색인의 기능을 알고 활용하여 정보를 조사한다.(기능) 06. 다양한 매체의 특징을 이해한다.(지식) 07. 다양한 매체를 활용하여 정보를 찾는다.(기능)
분류와 청구기호	01. 도서관의 자료 분류법을 이해한다.(지식) 02. 십진분류법을 활용하여 목적에 맞는 책을 찾는다.(기능) 03. 문학과 비문학의 차이를 이해하고 목적에 맞는 독서활동을 한다.(지식, 기능) 04. 청구기호의 의미와 구조를 이해한다.(지식) 05. 청구기호를 활용하여 필요한 자료를 찾는다.(기능)
정보 활용	01. 다양한 매체를 활용하여 관심 있는 주제에 대해 조사한다.(기능) 02. 조사한 내용을 다양한 방법으로 표현한다.(기능) 03. 저작권의 의미를 알고 저작권 보호를 생활 속에서 실천한다.(지식, 태도) 04. 매체별 정보 평가 방법을 알고 문제 해결에 필요한 정보를 선별한다.(지식, 기능) 05. 매체별 출처 표기 방법을 알고 실천한다.(기능, 태도)

학년별 도서관 교육을 계획할 때 학년별 키워드(표 2)를 참고하여 도서관 교육을 통해 가르칠 내용을 정하고, 도서관 교육 성취기준(표 3)을 활용하여 학생들이 최종적으로 성취해야 할 지식, 기능, 태도의 도달점을 나타내는 학습 목표를 설정한다. 수업 후 평가의 기준도 성취기준에 근거하여 세울 수 있다. 학년별 키워드와 다르게 성취기준은 학년 구분을 하지 않았다. 성취기준이 같더라도 학년별로 어떤 매체를 중심 매체로 활용하는지, 하나의 매체만 활용하는지 여러 개의 매체를 동시에 활용하는지에 따라 교육 내용이 달라진다. 도서관 교육은 교과와 연계될 때 효과적이므로 학년별 교육과정을 참고하여 도서관 교육에 활용할 매체를 선정한다.

〈예시〉

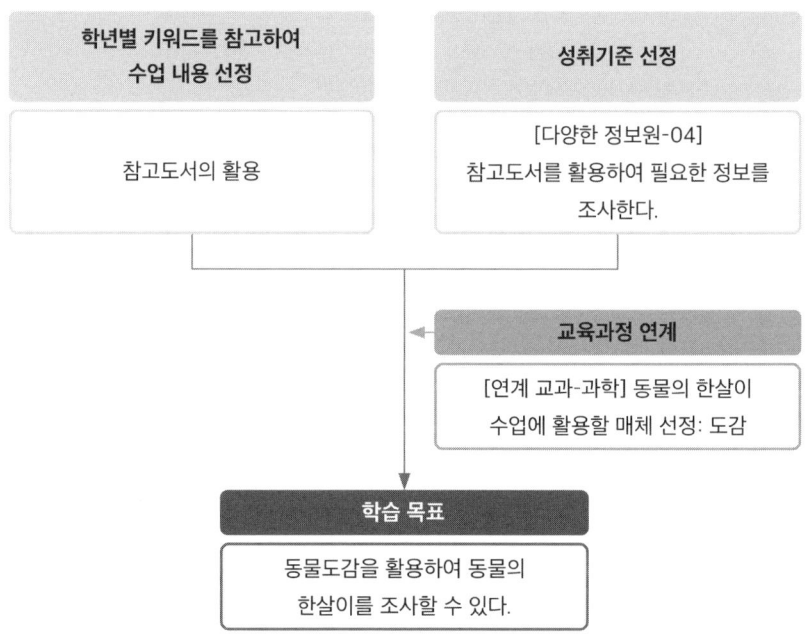

도서관 교육 수업 설계

도서관 교육은 타 교과와 달리 교육과정이나 교과서 없이 수업을 계획하다 보니 신규 교사들이 수업 설계에 많은 어려움을 느낀다. 앞에서 제시한 학년별 도서관 키워드와 성취기준을 활용한다면, 다음과 같은 과정을 거쳐 수업 설계를 할 수 있다.

도서관 교육 수업 설계 과정

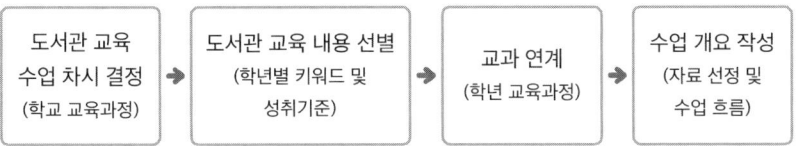

도서관 교육을 위한 수업을 설계할 때는 학년별로 배정된 도서관 교육 수업 차시를 고려해야 한다. 교육부나 교육청에서 매년 도서관 교육 수업 차시에 관한 권고 사항을 공문으로 제시하고 있지만, 교과서가 없으므로 학교별로 자율 배정하고 있다. 수업 차시는 학교 교육과정을 계획하는 과정에서 연구부장, 각 학년 부장과 협의하여 결정한다. 학년별 수업 차시가 정해졌다면 앞서 안내한 학년별 키워드와 성취기준을 배정받은 차시에 맞게 나누어 배치하고 차시별 수업을 설계한다.

1학년 수업을 예로 들어보면, 1학년 학생들은 학교도서관을 처음 이용하기 때문에 도서관 이용 방법 중심으로 수업을 설계한다. 만약 수업이 2차시로 주어졌다면, 1학년에 제시된 9개의 키워드를 도서관 영역 성취기준을 바탕으로 선별 또는 통합하여 수업을 설계한다. 몇 개의 키워드를 선별하고 어떻게 통합하느냐에 따라 다음과 같이 차시별 수업 내용이 달라진다.

1학년 도서관 수업(2차시) 예시 1

차시	학년별 키워드	성취기준
1	도서관의 역할, 도서관 용어, 도서관 규정	[도서관-01] 도서관의 정의와 역할을 이해한다. [도서관-03] 도서관 이용 방법을 알고 목적에 따라 도서관을 활용한다.
2	대출·반납 방법, 도서관 예절	[도서관-02] 도서관 예절을 알고 생활 속에서 실천한다. [도서관-03] 도서관 이용 방법을 알고 목적에 따라 도서관을 활용한다.

1학년 도서관 수업(2차시) 예시 2

차시	학년별 키워드	성취기준
1	도서관의 역할, 도서관 용어, 도서관 규정. 대출·반납 방법, 도서관 예절	[도서관-01] 도서관의 정의와 역할을 이해한다. [도서관-02] 도서관 예절을 알고 생활 속에서 실천한다. [도서관-03] 도서관 이용 방법을 알고 목적에 따라 도서관을 활용한다.
2	그림책 찾기, 도서 검색 방법, 도서관 구조	[도서관-04] 도서관의 구조를 알고 원하는 자료를 찾는다.

수업 차시가 더 늘어난다면 성취기준을 참고하여 학생 활동을 다양하게 구성한다. 학생들이 배운 것을 직접 활용하는 활동을 추가하거나 학생들이 어려워하는 활동을 반복해 볼 수 있다.

도서관 교육 수업을 설계할 때는 학년 교육과정을 분석하여 교과 수업과 연계할 것을 권장한다. 도서관 교육을 통해 배운 정보 활용 방법을 교과 수업에 활용할 때 교육의 효과가 커지며, 교과 수업 활동도 풍부해지기 때문이다. 예를 들어 성취기준 '[정보활용-02] 조사한 내용을 다양한 방법으로 표현한다'로 수업을 구성할 경우, 교육과정과 연계하여 조사 주제를 제시할 수 있다. 1학년은 통합교과에서 배우는 '우리나라의 상징'을 주제로 하고, 2학년은 통합교과에서 배우는 '세계 여러 나라'를 주제로 제시하는 식이다.

수업 영역과 수업 내용, 학습 목표가 설정되면 수업을 위한 자료를 선정하고 학생 활동을 구성하여 수업 개요를 작성한다. 효과적인 수업을 위해 어떤 자료가 필요하고 무엇을 주 교재로 활용할 것인지, 어떤 흐름으로 수업을 진행할 것인지를 계획해 보는 것이다. 수업자료를 선정할 때는 학교도서관에서 활용할 수 있는 자료의 종류와 수, 수업에 참여할 학생의 수, 학생 수준 등을 고려해야 한다. 학생 활동을 구성할 때는 수업 시간을 고려하여 활동별 시간을 배분하는 것이 좋다. 수업 개요를 작성한 후에는 교사가 직접 자료를 활용하면서 학생이 해야 할 학습 활동을 미리 해 보는 과정이 필요하다. 자료가 적절하지 않다면 활용 자료를 수정하고, 수업 시간이 남거나 부족하다면 학생 활동을 수정하여 다시 수업 개요를 작성한다.

본 책의 2장과 3장에서는 위와 같은 수업 설계 과정을 거쳐 개발한 1~2학년의 도서관 교육 수업 사례를 소개한다. 소개된 수업을 실제 수업에 적용할 때는 수업 개요를 수정하여 활용할 수도 있다. 도서관 교육 시간으로 배정된 수업 시수를 고려하여 2~3차시의 수업을 1차시로 통합하거나 1차시의 수업을 2~3차시에 나누어 실시할 수도 있으며, 활용할 도서나 학생 활동 등을 수정하여 재구성할 수 있다.

표 4. 수업 개요

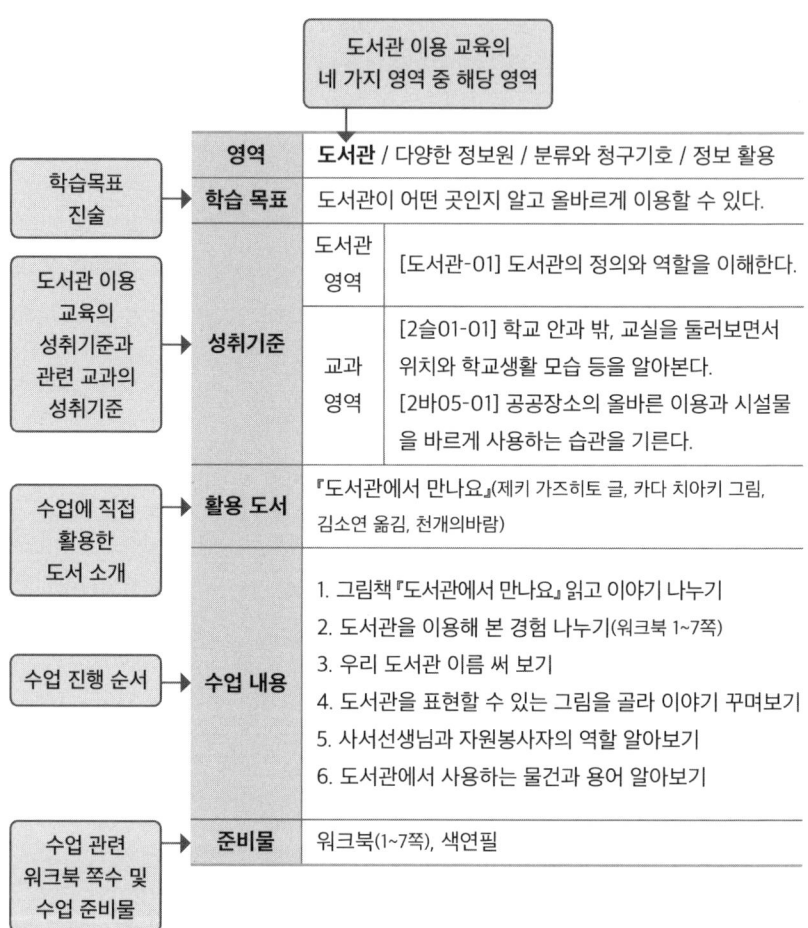

	영역	도서관 / 다양한 정보원 / 분류와 청구기호 / 정보 활용
학습목표 진술	학습 목표	도서관이 어떤 곳인지 알고 올바르게 이용할 수 있다.
도서관 이용 교육의 성취기준과 관련 교과의 성취기준	성취기준	도서관 영역: [도서관-01] 도서관의 정의와 역할을 이해한다. 교과 영역: [2슬01-01] 학교 안과 밖, 교실을 둘러보면서 위치와 학교생활 모습 등을 알아본다. [2바05-01] 공공장소의 올바른 이용과 시설물을 바르게 사용하는 습관을 기른다.
수업에 직접 활용한 도서 소개	활용 도서	『도서관에서 만나요』(제키 가즈히토 글, 카다 치아키 그림, 김소연 옮김, 천개의바람)
수업 진행 순서	수업 내용	1. 그림책 『도서관에서 만나요』 읽고 이야기 나누기 2. 도서관을 이용해 본 경험 나누기(워크북 1~7쪽) 3. 우리 도서관 이름 써 보기 4. 도서관을 표현할 수 있는 그림을 골라 이야기 꾸며보기 5. 사서선생님과 자원봉사자의 역할 알아보기 6. 도서관에서 사용하는 물건과 용어 알아보기
수업 관련 워크북 쪽수 및 수업 준비물	준비물	워크북(1~7쪽), 색연필

2장

도서관 교육,
이렇게
시작해요

4차 산업혁명 시대를 살아가는 아이들에게는 교과의 내용 지식을 넘어서서, 필요한 정보를 선별하여 새로운 정보를 창출하는 방법적 지식, 정보 활용 능력이 필요하다.

1학년은 도서관 교육을 통해 가장 기본적인 도서관 이용 기술과 자료 활용 방법을 배운다. 이것은 정보 활용의 첫 단계이다. 내 이름이 적힌 대출증을 갖는 것, 그 대출증으로 책을 빌리는 것, 책을 자세히 살펴보는 것 등 도서관 교육을 통해 습득하는 모든 것들이 정보 활용의 시작이 된다.

또 1학년 도서관 교육은 민주시민 교육의 첫 단계이기도 하다. 자신이 도서관의 주인임을 알고 도서관을 적극적으로 활용하고, 함께 이용하는 사람들을 배려하기 위해 도서관 규칙을 지킨다. 이런 경험을 통해 아이들은 민주시민의 태도와 마음가짐을 배우게 된다.

평생 습관을
결정 짓는 첫걸음

아이들이 도서관 이용 교육을 받으러 오면 가장 먼저 하게 하는 일이 있다. 들어오기 전에 모두 손을 씻게 하는 것이다. 조금 의아하게 생각하는 아이들도 있지만, 도서관의 책과 컴퓨터 등은 많은 사람이 이용하는 것이니 당연히 깨끗한 손으로 만지고 사용해야 한다고 일러주면 쉽게 이해한다. 위생적인 측면에서도 손을 씻고 도서관을 이용하는 것은 타인과 나를 위한 최소한의 배려를 실천하는 일이기도 하다. 또한 단지 손을 씻을 뿐인데 마치 무언가 정갈하고 엄숙한 의식을 치르는 것 같은 느낌이 들기도 한다. 이렇게 매번 도서관 이용 교육을 하기 전에 손을 씻게 하면 아이들은 들떴던 기분을 진정시키고 옷매무새도 단정히 하며 자연스럽게 도서관을 이용하는 마음의 준비를 하게 된다.

아이들이 손을 씻고 오면 도서관 문 앞에 줄을 서게 하고, 도서관에 어울리는 목소리 크기는 어떤지 생각해 보게 한다. 운동장에서의 목소리와 교실 안에서의 목소리 그리고 도서관에서의 목소리 크기가 어떻게 달라야 하는지 질문하면, 아이들은 금방 질문의 의도를 파악한다. 교사가 "조용히 하라"는 말을 하지 않아도 아이들 스스로 자신의 행동에 신경 쓰게 된다. 물론 아직 저학년이니 여러 번 반복해서 이야기해야 한다. 손 씻기와 목소리 크기는 반복적인 훈련이 필요하다. 처음 습관을 잘 잡아 놓으면 아이들이 더욱 청결하고 자연스럽게 도서관을 이용할 것이다.

관련도서

『손씻기 귀찮아요』(완야 올텐 글, 마누엘라 올텐 그림, 조국현 옮김, 토마토하우스)

『도서관에서는 모두 쉿!』(돈 프리먼 지음, 이상희 옮김, 시공주니어)

『최강 청결 히어로 비누맨』(우에타니 부부 글·그림, 전예원 옮김, 아이세움)

도서관은 어떤 곳일까?
도서관 이해하기

영역	도서관 / 다양한 정보원 / 분류와 청구기호 / 정보 활용	
학습 목표	도서관이 어떤 곳인지 알고 올바르게 이용할 수 있다.	
성취기준	도서관 영역	[도서관-01] 도서관의 정의와 역할을 이해한다.
	교과 영역	[2슬01-01] 학교 안과 밖, 교실을 둘러보면서 위치와 학교생활 모습 등을 알아본다. [2바05-01] 공공장소의 올바른 이용과 시설물을 바르게 사용하는 습관을 기른다.

활용 도서	『도서관에서 만나요』(제키 가즈히토 글, 카다 치아키 그림, 김소연 옮김, 천개의바람)
수업 내용	1. 그림책 『도서관에서 만나요』 읽고 이야기 나누기 2. 도서관을 이용해 본 경험 나누기(워크북 1~7쪽) 3. 우리 도서관 이름 써 보기 4. 도서관을 표현할 수 있는 그림을 골라 이야기 꾸며보기 5. 사서선생님과 자원봉사자의 역할 알아보기 6. 도서관에서 사용하는 물건과 용어 알아보기
준비물	워크북(1~7쪽), 색연필

본격적인 도서관 교육은 우리 도서관의 이름을 알려주는 것에서부터 시작하는 것이 좋다. 아이들이 이용할 도서관의 이름을 알고 자주 부르다 보면 더욱 친숙해질 수 있기 때문이다. 그리고 도서관 수업을 하는 '사서선생님' 본인 소개를 하도록 한다. 이 과정이 생략되면 아이들은 단순히 '책을 빌려주고 정리해주는 사람'으로만 생각하기 쉬우므로 본인 소개와 함께 사서의 뜻과 역할에 대해 간략히 소개하는 것이 필요하다. 워크북 02쪽

사서司書 한자를 풀이하면 책을 다루는 사람이라는 뜻. 도서관의 자료를 관리하고 책을 분류하며 사람들이 도서관을 잘 활용할 수 있게 도와주고 다양한 독서방법을 알려주는 역할을 맡는다. 2000년 전부터 있어온 아주 오래된 직업으로, 조선 시대에는 도서관에서 책을 다루는 책색관이라는 관리가 따로 있었다. (참고: 한국민족문화대백과)

아이들에게 도서관이 어떤 곳인지 물어보면 책을 보거나 빌리는 곳이라고 대답한다. 잠깐 들러 책을 보거나 빌려오는 곳 정도로 도서관을 생각하

는 것이다. 머릿속에 한번 자리잡은 '도서관의 이미지'는 그 아이에게 오랫동안 영향을 미치게 마련이다. 아이들이 유연하게 도서관을 받아들일 수 있도록 관련 그림 찾기 등 시각적인 이미지 연결 활동을 추천한다. 도서관과 관련 있거나 아무 관련 없는 그림들을 연결하고 각자 생각하는 도서관을 표현해 보는 활동을 통해 '도서관은 여러 사람이 편안하게 머물며 마음껏 지식을 향유 할 수 있는 공간'으로 인식하도록 유도한다. 워크북 03-05쪽

도서관의 한자를 풀어 설명하면서 도서관의 개념을 이해하게 도와주는 방법도 있다. '도서관圖書館'을 한자로 써주고 단어를 풀어서 '그림 도圖, 글 서書, 집 관館: 그림과 글, 문장의 집'이라고 설명해 주면 아이들이 조금 더 쉽게 이해할 수 있다. 아이들에게 각자의 집이 있듯이 세상에 존재하는 수많은 글과 책, 문서, 그림, 지도, DVD 등 여러 종류의 자료에도 집이 있다고 이야기해 준다. 이 그림과 글의 집은 그냥 스쳐 지나가는 곳이 아니라 편안하게 머물며 여러 가지 생각을 만들어내는 곳이라고 강조하면 더 좋겠다.

나아가 우리 도서관의 이름은 무엇이며 어떤 뜻이 담겨 있는지 알아본다. 그냥 도서관이라고 부르기보다 본래 가진 이름의 뜻을 알고 자주 부른다면 한층 친근한 공간으로 아이들 마음에 자리잡을 것이다. 도서관 이름

과 뜻을 직접 적어보며 도서관의 주인은 선생님이나 학교가 아니라 도서관을 이용하는 학생들 자신임을 알려준다. 워크북 06쪽

도서관의 기본 개념에 대해 배웠다면 이제는 도서관에 어떤 물건이 있는지 살펴볼 차례이다. 도서관에서 사용하는 물건들은 아이들에게 그 이름이 생소할 수 있다. 대출증, 반납함, 검색대, 책수레, 서가 등 아이들이 자주 사용하게 될 물건의 정확한 이름과 뜻을 처음에 제대로 설명해 주는 것이 좋다.

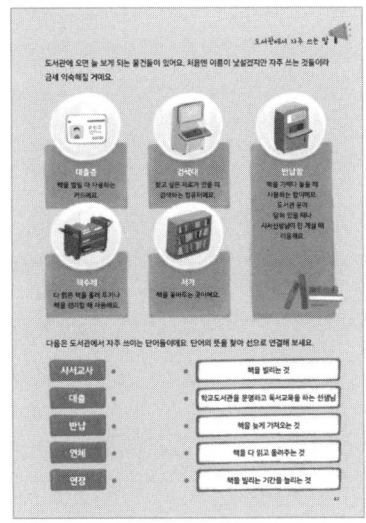

대출, 반납, 연체, 연장 등 도서관 관련 용어의 뜻과 사용법도 알려준다. 어렵고 딱딱하게 느껴질 수 있는 단어들이지만 도서관에서 자주 쓰게 되는 말이므로 큰 소리로 여러 번 읽고 실제 사용해 보면서 익숙해질 수 있게 한다. 워크북 07쪽

관련도서

『도서관』 (사라 스튜어트 글, 데이비드 스몰 그림, 시공주니어

『도서관에서 처음 책을 빌렸어요』 (알렉산더 스테들러 지음, 이순미 옮김, 보물창고)

『도서관 아이』 (채인선 글, 배현주 그림, 한울림어린이)

『무어 사서선생님과 어린이도서관에 갈래요』 (잰 핀버러 글, 데비 애트웰 그림, 서남희 옮김, 다산기획)

『이라크 도서관을 구한 사서』 (마크 앨런 스태머티 글·그림, 미래아이)

도서관, 이렇게 이용해요
도서관 예절과 규정 알기

영역	도서관 / 다양한 정보원 / 분류와 청구기호 / 정보 활용	
학습 목표	도서관 예절을 알고 도서관을 올바르게 사용할 수 있다.	
성취기준	도서관 영역	[도서관-02] 도서관 예절을 알고 생활 속에서 실천한다. [도서관-03] 도서관 이용 방법을 알고 목적에 따라 도서관을 활용한다.
	교과 영역	[2안01-01]교실과 특별실에서 활동할 때 질서를 지켜 안전하게 생활한다. [2바01-01]학교생활에 필요한 규칙과 약속을 정해서 지킨다. [2바05-01]공공장소의 올바른 이용과 시설물을 바르게 사용하는 습관을 기른다.
활용 도서	『도서관에서는 모두 쉿!』(돈 프리먼 지음, 이상희 옮김, 시공주니어)	
수업 내용	1. 그림책 『도서관에서는 모두 쉿!』 읽고, 도서관 예절 생각해 보기 2. 도서관에서 예절을 지켜야 하는 이유 생각 나누기 3. 도서관을 올바르게 이용하는 방법 알아보기 4. 도서관 예절 따라 쓰기 5. 도서관 이용 규칙 알아보기 (나만의 도서대출증 만들기) 6. 대출·반납 연습하기	
준비물	워크북(8~11쪽)	

도서관이 어떤 곳인지, 사서 선생님은 무엇을 하는 사람인지, 도서관 용어와 물건 이름에 대한 이해가 어느 정도 되었다면, 이제 구체적으로 도서관을 어떻게 이용해야 하는지 그 방법을 알아볼 차례이다. 먼저 도서관에서 지켜야 할 예절은 무엇인지 함께 생각해 보고, 도서관 이용 시 꼭 알아두어야 할 도서관 규정을 살펴본다. 모의 대출·반납 활동은 아이들이 도서관

이용법을 익히는 데 도움이 된다.

모두를 위해 지켜야 하는 도서관 예절

도서관에서 지켜야 할 예절에 대해 알아보기 전에 먼저 왜 도서관에서 예절을 지켜야 하는지 아이들이 생각해 보는 기회를 준다. 아이들 스스로 도서관 예절의 필요성을 깨달아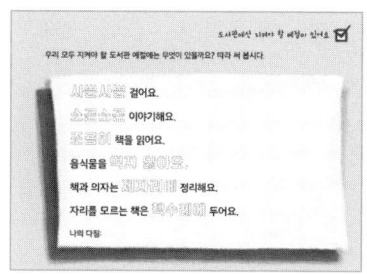
야 이야기를 나누기 쉽다. 꼭 지켜야 할 도서관 예절을 의성어나 의태어로 표현하면 아이들이 따라 읽거나 쓰면서 기억하기에 좋다. '소곤소곤' '사뿐사뿐' 등 음율이 느껴지는 표현들을 잘 활용하며, '하지 말아야 할 것' 위주의 규칙들로 아이들에게 강압적인 느낌을 주지 않도록 주의한다.

도서관 예절에서 중요한 것 중 하나가 위생에 관한 것이다. 많은 사람이 함께 사용하는 물건인 책과 컴퓨터 등을 올바르게 이용하고, 아이들 스스로 자신의 건강을 지키면서 도서관을 이용하려면 청결한 이용 습관이 필요하다는 것을 강조한다. 손가락에 침을 묻혀 책장을 넘기거나, 책을 보

면서 코나 얼굴을 만지는 행동을 하지 않아야 하며, 독서 전후에 잊지 말고 손을 깨끗이 씻도록 당부한다. 워크북 08-09쪽

책을 읽는 '올바른 자세'에 대한 안내도 필요하다. 요즘은 스마트폰이나 태블릿 PC를 어릴 때부터 사용하다 보니 척추 옆굽음증이나 거북목증후군을 앓는 초등학생도 많다. 그래서 올바른 자세에 대해 알고, 실천할 수 있도록 해야 한다. 책을 두 손으로 잡고, 책과 눈과의 거리는 30~40cm 정도를 유지하며, 허리를 곧게 펴고 앉는 것이 바른 자세이다. 의자 등받이에 허리를 제대로 기대지 않거나 다리를 꼬고 앉는 자세, 눕거나 엎드린 자세로 책을 보지 않도록 안내한다. 학교도서관에 높이나 각도가 조절되는 독서대를 마련하여 학생들이 이용할 수 있게 하는 것도 좋다. 책을 보다가 40~50분에 한 번씩 10분 정도 쉬면서 멀리 있는 물체나 하늘, 숲 등을 바라보거나 눈을 감고 안구를 굴려 피로를 풀어주는 것도 시력 보호에 좋은 습관이다.

도서관 규정 이해하기

도서관을 제대로 이용하려면 우리 도서관의 규정을 알아야 한다. 우리 도서관의 이용 시간과 한 사람이 빌릴 수 있는 책의 수량, 대출 기간, 대출 연장 횟수와 연장 기간 등의 기본 규정을 알려준다. 그냥 말로 설명하기보다 규정을 따라 쓰게 하면 아이들이 기억하는 데 도움이 된다. 책을 늦게 낼 경우의 제재 방법은 도서관마다 조금씩 다르다. 연체 기간만큼 대출이 정지되는 곳도 있고, 일괄적으로 일주일 대출 정지를 시키는 곳도 있다. 지금 배우는 도서관 이용 규칙은 우리 도서관에서만 사용되는 것이라고 아이들에게

이야기해 주어야 한다.

도서관 예절과 이용규칙, 도서관에서 사용하는 말 등에 대한 수업은 반복 학습이 중요하다. 특히 저학년에게 연체나 연장은 그 자체로 생소한 표현인 데다 반납의 개념을 제대로 이해하지 못하는 경우도 있다. 수업 시간뿐 아니라 일상에서 틈틈이 반납 기한이 얼마 남지 않았다거나 연체 중이라는 사실을 일깨워줄 필요가 있다. 워크북 10쪽

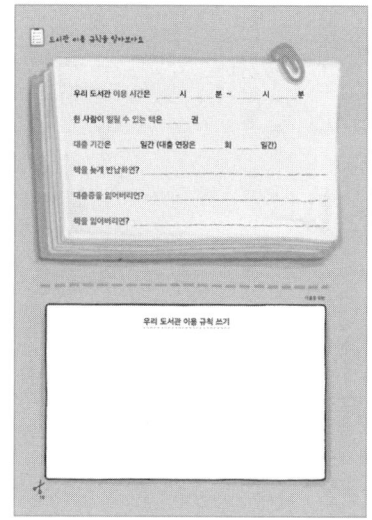

대출·반납 직접 해보기

드디어 대출, 반납을 연습해 볼 시간이다. 저학년은 직접 몸으로 체험하고, 반복 연습할 수 있게 해 주어야 한다. 아이들은 분명 책을 대출하면 가방에 잘 넣어 간다고 배웠지만, 실제로는 대출한 책을 서가에 다시 꽂거나 책수레에 올려 두고 가는 일이 허다하다. 반납할 책을 아무 확인 없이 서가에 꽂아두기도 하는데, 자칫 장기 연체자가 될 수도 있고 그 책을 찾기도 힘들어진다. 그러므로 대출과 반납은 반드시 아이들이 직접, 여러 번 연습할 수 있도록 하는 것이 중요하다.

대출이란 책을 빌려서 도서관 밖으로 가지고 나간 후 읽는 것이라고 알

려준다. 책을 대출해 놓고 도서관에 그냥 두고 가는 아이들이 많은데, 꼭 챙겨서 가져가도록 강조한다. 빌릴 때 필요한 것은 대출증이다. 대출증을 개인이 가지고 다니게 하는 학교도 있고, 분실 위험이 높아 도서관에 따로 보관함을 두고 필요할 때 이용하게 하는 학교도 있다.

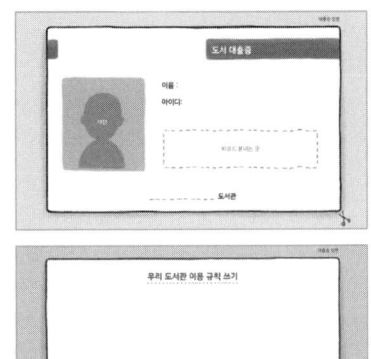

　도서관 수업에서는 읽고 싶은 책을 찾아 그 위에 대출증을 가지런히 올려서 대출대로 가져와 대출하는 연습을 한다. 워크북 9~10쪽에 있는 대출증(양면)을 오려 연습해도 좋다. 수업 중에 책을 빌린 뒤 다 읽고 반납까지 연습하려면 짧은 그림책을 고르는 것이 좋다. 워크북 09-10쪽

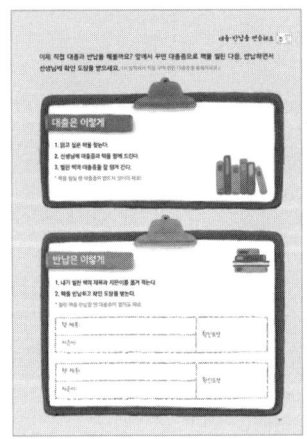

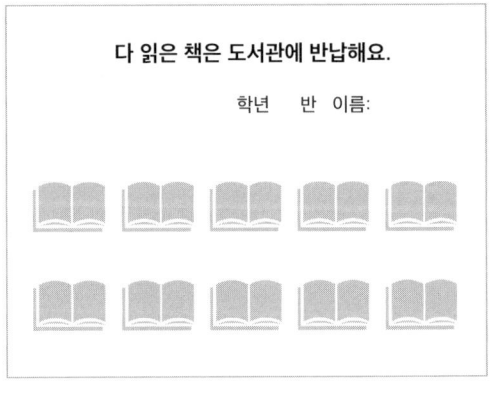

반납 확인 도장 쿠폰

다 읽은 아이는 책만 가지고 반납대에 와서 반납하도록 한다. 저학년은 반납할 때 사서선생님이 확인 도장을 찍어 주면 대출·반납 연습에 재미를 느끼고 더 적극적으로 참여하곤 한다. 도장을 받으면서 성취감도 느낄 수 있고, 그 과정에서 올바른 이용 습관도 자리 잡을 수 있다. 워크북 11쪽

관련도서

『도서관에 간 사자』(미셸 누드슨 글, 케빈 호크스 그림, 홍연미 옮김, 웅진주니어)

『도서관에 개구리를 데려갔어요』(에릭 킴멜 글, 블랜치 심스 그림, 신형건 옮김, 보물창고)

『도서관 탐구생활』(사이토 히로시 글, 다나카 로쿠다이 그림, 김숙 옮김, 북뱅크)

책표지에 중요한 정보가 있어요

영역	도서관 / 다양한 정보원 / 분류와 청구기호 / 정보 활용	
학습 목표	• 도서관의 구조를 알고 원하는 책을 찾을 수 있다. • 책표지에서 책에 대한 정보를 찾을 수 있다.	
성취기준	도서관 영역	[도서관-04] 도서관의 구조를 알고 원하는 자료를 찾는다. [다양한 정보원-01] 책의 구조를 알고 책에 대한 정보를 찾는다.
	교과 영역	[2슬01-01] 학교 안과 밖, 교실을 둘러보면서 위치와 학교생활 모습 등을 알아본다.
활용 도서	『도서관에 간 여우』(로렌츠 파울리 글, 카트린 쉐러 그림, 노은정 옮김, 사파리)	

수업 내용	1. 그림책 『도서관에 간 여우』 읽고, 이야기 나누기 2. 우리 학교 도서관 지도 완성하기(워크북 12쪽, 스티커) 3. 도서관 지도에 내가 좋아하는 책이 있는 곳 표시하기 4. 서가에서 내가 좋아하는 책 한 권 선택하기 5. 책표지에서 찾을 수 있는 정보 알아보기(워크북 13쪽) 6. 내가 선택한 책의 표지에서 책에 대한 정보 찾아보기(워크북 13쪽)
준비물	워크북(12~13쪽) 1학년 수준의 다양한 주제의 책(실물), 도서관 배치도, 스티커, 포스트잇

도서관 수업이 재미있다며, 자주 하면 좋겠다고 이야기하는 아이들이 있다. 왜 좋은지 물어보면, 사서 선생님이 책을 읽어주거나 새로운 책을 소개해 주는 시간이 참 좋아서란다. 새로운 책을 소개할 때 호기심 가득한 표정으로 이야기를 듣는 아이들이 참 예쁘다. 많은 선생님들이 도서관 수업을 할 때 그림책이라도 한 권씩 꼭 읽어주려고 노력하는 이유일 것이다.

이 수업은 학교도서관을 처음 접한 1학년 아이들에게 도서관에 다양한 주제의 책이 있음을 알려주고, 책표지에서 책에 대한 정보를 찾아보며 책의 이해를 돕는 것을 목표로 한다. 직접 도서관 지도를 만들어 보는 활동은 도서관이라는 전체 공간을 파악하고 내가 좋아하는 책이 어디에 있는지 찾기 쉽게 도와준다.

수업은 크게 두 가지 활동으로 이루어진다. 첫 번째 활동은 도서관의 구조를 익히며 어디에 어떤 주제의 책들이 있는지 확인하는 도서관 지도 만들기이고 두 번째 활동은 직접 선택한 책의 표지에서 책에 대한 정보를 찾아보는 책표지 읽기이다.

이때 바로 설명에 들어가기보다는 적절한 책 한 권을 골라 읽어주면 본 수업과 자연스럽게 연결할 수 있다. 다음은 『도서관에 간 여우』를 함께 읽으며 했던 수업 사례이다.

학교도서관에 이런 책도 있어?

달빛을 받으며 길을 거닐던 생쥐 앞에 여우가 나타난다. 입맛을 쩝쩝 다시는 여우를 보며 생쥐는 창문 틈으로 도망을 치고, 여우도 생쥐를 놓칠까 낑낑대며 창문을 비집고 들어간다. 그런데 창문 너머에서 다시 만난 생쥐의 태도가 많이 달라졌다. "여기에 있는 모든 건 빌릴 순 있지만 먹으면 안 돼! 그러니까 나도 잡아먹으면 안 돼! 여기는 사냥터가 아니라 도서관이거든." 도서관에서 당당해진 생쥐는 자신을 잡아먹으러 온 여우에게 생각이 바뀌게 될 거라며 그림책 읽기를 권한다. 그리고 여우는 '닭을 잡아먹는 여우 이야기'를 읽으며 정말 생각이 바뀐다. 생쥐가 아닌 닭을 잡아먹기로 말이다. 이후 여우는 계속 도서관에 와서 닭에 관한 책을 읽는다. 그리고 생쥐는 마법 책을 읽으며 마법 연습을 한다. 각자 도서관에서 관심 분야의 책을 읽는 것이다.

책을 읽어 준 후 아이들에게 물었다. "우리 학교에도 닭에 관한 책이 있을까요?" 아이들은 큰 소리로 그럴 것 같다고 했다. "그럼 우리 학교에 마법 책도 있을까요?" 이번에는 아이들이 쉽게 대답하지 못했다. 고개를 갸우뚱거리는 아이들 앞에 마술책을 꺼내 보여 주었다. "와! 이거 빌려 갈 수 있어요?" 도서관에 대한 아이들의 관심이 한껏 높아지는 순간이다. 1학년 아이들이 읽을 수 있는 다양한 주제의 책을 실제로 보여 주면서 우리 도서관에는 닭에 관한 책이나 마술책뿐 아니라 공룡에 관한 책, 종이접기 책도 있고 이 밖에도 우리가 관심 있는 것들에 관한 책이 여기저기 숨어 있다고 들려주었다. 그림책 속에서 생쥐가 말했던 것처럼 '도서관 안의 책들은 모두 빌릴 수 있지만 먹을 수는 없다'는 이야기도 빠뜨리지 않았다. 아이들이 관심 분야의 책을 찾고 싶어 엉덩이를 들썩거릴 때 도서관 지도 만들기를 시작한다.

내가 읽고 싶은 책은 어디에 있을까?

도서관에서 내가 관심 있는 주제의 책을 찾을 수 있다는 사실만으로도 아이들은 도서관에 흥미를 느낀다. 이런 아이들과 '도서관 지도'를 만들면서 실제로 책을 찾아보는 활동을 할 수 있다. 1학년 아이들이 직접 지도를

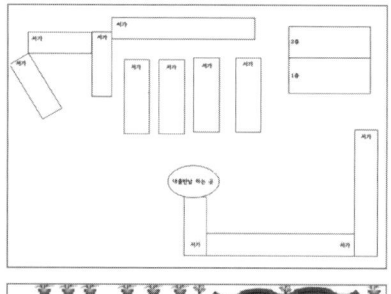

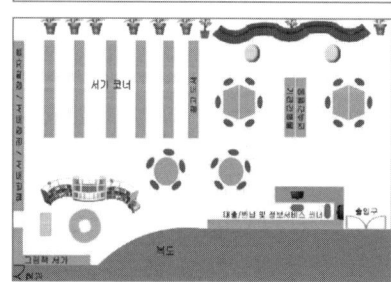

도서관 배치도 예시

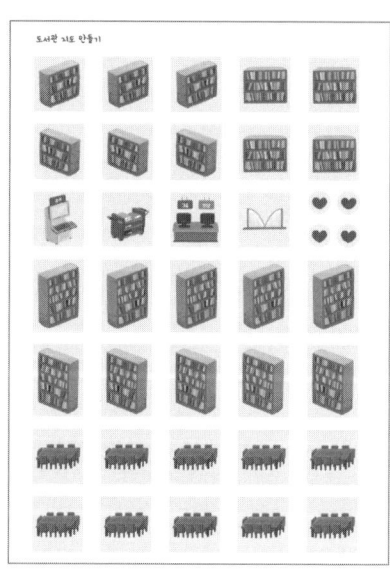

워크북 스티커

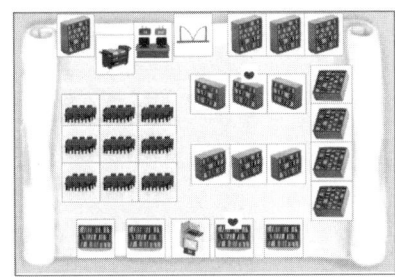
도서관 지도 스티커 부착 예시

그리기는 어려우므로 교사가 도서관 배치도를 준비하여 학생들에게 나누어 주거나, 워크북에 있는 서가, 책상 등의 스티커를 활용하여 지도를 완성하도록 안내한다.

처음엔 스티커를 어떻게 붙여야 할지 몰라 어려워할 수 있으므로 함께 보며 각각의 그림이 어떤 것을 표현하는지 설명해 주도록 한다. 이때 완성된 지도를 예시로 보여 주고 교사와 학생이 출입문의 위치를 함께 같은 곳에 표시한 후 시작하면 전혀 다른 구도의 도서관 지도가 완성되는 것을 피할 수 있다.

아이들이 자유롭게 도서관을 둘러보면서 지도를 완성하게 한다. 이때 서로 도우며 할 수 있도록 두세 명씩 팀을 만드는 것이 좋다. 내가 관심 있는 주제의 책이 있는 서가에 특정 스티커를 붙여 표시하게 하고, 그중 한 권의 책을 골라 자리에 돌아와 앉을 수 있도록 설명한다. 워크북 12쪽

책표지를 읽어요

사람을 구별하는 가장 쉬운 방법은 얼굴과 이름을 확인하는 것이다. 책도 그렇다. 책의 얼굴이라 할 수 있는 책표지를 보면 책의 이름도 알 수 있고 그 책을 만든 사람들도 알 수 있다. 책표지만 잘 읽어도 책에 대한 많은 정보를 얻을 수 있다. 책 제목, 글쓴이, 그린이, 옮긴이, 출판사의 역할을 설명하고 책표지에 어떻게 표기되어 있는지를 설명한다. 그리고 각자 골라 온 책

의 표지를 보면서 책에 대한 정보를 직접 찾아보게 한다. 안타깝게도 초등학교 고학년이 되어도 책의 지은이를 찾지 못하는 아이들이 있다. 책 읽기를 본격적으로 시작하는 때부터 책표지 읽는 법을 가르칠 필요가 있다.

워크북 13쪽

책을 만든 사람들

글을 쓴 사람: 이름 앞이나 뒤에 '글쓴이', '글', '저', '지음'이라는 단어가 붙어 있어요.

그림을 그린 사람: 이름 앞이나 뒤에 '그린이', '그림'이라는 단어가 붙어 있어요.

다른 나라 책을 한글로 바꾸어 준 사람: '이름 앞이나 뒤에 '옮긴이', '옮김', '역', '번역'이라는 단어가 붙어 있어요.

책을 펴낸 곳: 책을 만든 출판사 이름은 책표지 아래쪽에 쓰여 있어요.

※ 한 사람이 글을 쓰고 그림도 그렸을 때는 이름 앞이나 뒤에 '글·그림', '지음'이라는 단어가 붙어 있어요.

수업이 일회성으로 끝나면 의미가 없다. 아이들이 책을 빌릴 때마다 책표지를 먼저 읽을 수 있는 장치가 있어야 한다. 사서교사가 대출·반납을 하며 아이들과 대화를 나눌 때 자연스럽게 작가의 이름을 언급하거나 출판사

를 보여 주는 것도 도움이 될 것이다. 책표지를 활용한 도서관 행사를 기획하는 것도 좋은 방법이다.

만약 책자리표를 활용하는 학교라면 이 활동을 하면서 책자리표의 쓰임을 설명할 수 있다. 서가에서 좋아하는 책을 골라올 때 그 자리에 책자리표를 끼워 표시하게 하고, 수업이 끝난 후 책자리표를 보고 제자리에 꽂을 수 있게 지도한다.

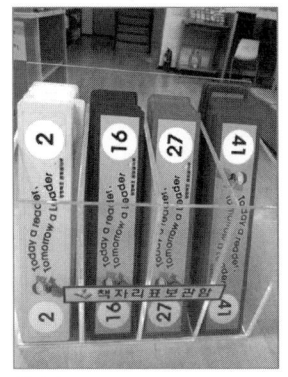
책자리표

책자리표 활용 모습

이런 활동도 할 수 있어요!

책표지 퍼즐 완성하기

준비

| 퍼즐판 만들기

① 책표지보다 가로, 세로 2cm 더 크게 우드락을 자른다.

② 너비 1cm 크기로 우드락을 길게 잘라낸 후, ①의 가장자리에 테두리를 두르듯 붙인다.

| 책표지 퍼즐 만들기

① 책의 덧싸개(재킷)를 우드락에 붙이거나 코팅한 후 여러 조각으로 자른다.

② 책의 덧싸개가 없는 경우, 책표지를 출력하여 코팅한 후 여러 조각으로 자른다.

③ 책표지를 작은 크기로 인쇄하여 참가자가 퍼즐을 완성할 때 참고할 수 있게 제시한다.

방법

- 참가자는 인쇄한 책표지를 보며 정해진 시간 안에 책표지 퍼즐을 완성한다.
- 완성된 퍼즐을 보고 책 제목, 글쓴이, 그린이, 출판사를 찾는다.

공통점 찾기

준비

- 책표지 인쇄(글쓴이가 같은 책 3권, 그린이가 같은 책 3권, 출판사가 같은 책 3권

- 을 포함하여 총 15권)
- 미션 카드(글쓴이가 같은 책 3권을 찾아라, 그린이가 같은 책 3권을 찾아라, 출판사가 같은 책 3권을 찾아라)
- 초시계

방법
- 테이블 위에 인쇄한 15장의 책표지를 잘 보이게 놓는다.
- 참가자는 미션 카드를 뽑는다.
- 참가자는 미션 카드를 읽고 1분 안에 미션을 수행한다.

도서관 부루마블
보드게임으로 배운 내용 복습하기

1학년 도서관 이용 수업 마무리 단계에 이르면 놀이 활동으로 그동안 배운 내용을 재미있게 되새겨보게 한다. 2학년 도서관 이용 수업 시작 단계에서 아이들이 도서관 이용에 대한 내용을 얼마나 잘 기억하는지 확인하기 위해 실시할 수도 있다. 간단하면서 아이들의 호응도가 높은 보드게임을 소개한다. 일명 '도서관 부루마블'이다.

1980년대 초등학생에게 인기가 많았던 '부루마블 Blue Marble'은 주사위를 굴려 도착한 나라에서 건물을 짓고 통행료를 받는 등의 활동을 하는 보드

도서관 부루마블　　　　도서관 부루마블 대형 보드판(예시)

게임이다. 이 게임을 참고하여 만든 도서관 부루마블은 도서관 이용 수업에서 알려준 내용과 재미있는 활동이 포함된 게임판의 미션을 해결하면서 그동안 배운 내용을 확인하고 정리해 보는 데 목적이 있다.

교사는 단답형으로 대답할 수 있는 문제, OX 퀴즈, 몸으로 표현하는 활동 등이 적힌 보드판 활동지를 아이들에게 나누어주고, 대형 보드판도 하나 더 준비해 칠판이나 화이트보드에 붙인다. 모둠별 캐릭터를 나타낸 말(자석 부착)과 주사위를 준비해 모둠별로 참여하도록 운영하면 시간이 너무 오래 걸리는 걸 피할 수 있다.

게임 방법은 간단하다. 주사위를 굴려 나온 수만큼 말을 움직인 후 해당 칸의 미션을 해결하고 가장 빨리 출발칸으로 돌아오는 팀이 이긴다. 주사위 2개를 준비해 모둠원 2명이 하나씩 던져 큰 수에서 작은 수를 뺀 만큼 말을 이동하는 등 다양한 규칙을 아이들과 함께 정할 수도 있다. 모둠원이 함께 미션을 해결하고, 대표 한 명이 모둠의 말을 움직이면서 처음부터 끝까지 학생 주도로 진행하는 것도 가능하다. 먼저 게임을 끝낸 모둠에게 특별한

상을 주면 아이들의 참여도와 열기가 한층 고조되곤 한다.

이런 활동도 할 수 있어요!

부루마블을 활용한 독서행사

도서관 부루마블 게임을 수업 시간뿐 아니라 학교도서관의 독서주간에 활용할 수도 있다. 독서주간에 읽으면 좋은 책들을 소개하고 그 책을 읽어야 수행할 수 있는 미션들을 넣어서 개인별로 참여하게 하고 독서주간 동안 미션을 다 통과한 학생들에게 상품을 주는 것이다. 저학년 아이들은 책을 읽고 문제를 해결하는 것을 어려워하기 때문에 3학년 이상의 학생들을 대상으로 하는 것이 좋다.

준비

- 도서관 부루마블 활동지

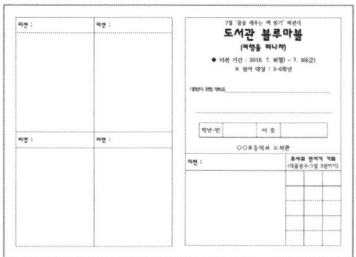 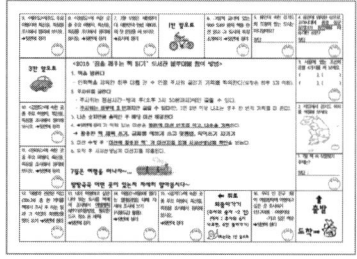

- 주사위

방법

- 도서관에서 책을 빌리면 빌린 권수만큼 도장을 찍고 그 수만큼 주사위를 굴릴 기회를 준다.
- 부루마블 출발 지점부터 주사위를 굴려 나온 수만큼 이동하고 도착한 칸에 제시된 미션을 수행한다.
- 선생님은 학생들이 수행한 미션을 확인하고 통과 시 도장을 찍어 준다.

※ 하루에 주사위를 2번만 굴릴 수 있게 해 독서주간 동안 꾸준히 도서관을 찾아 참여할 수 있도록 유도한다.

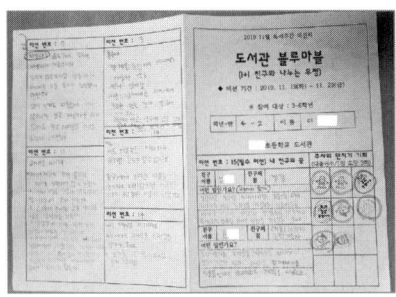
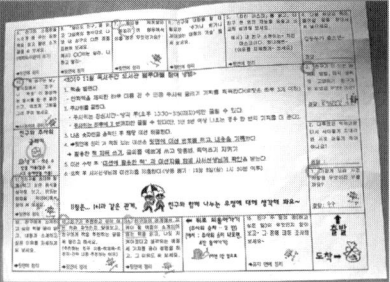

3장

정보 활용 능력을
키우는
도서관 교육

1학년에게 체계적인 도서관 이용 교육이 반드시 필요하다는 것은 누구나 공감한다. 그런데 1학년 때 도서관 교육을 했다는 이유로 2학년부터는 생략하는 학교들이 있다. 이는 반복 학습이 필요한 아이들의 특성을 고려하지 않고, 도서관 교육을 이용 안내 정도로만 생각하기 때문이다. 학년이 올라감에 따라 도서관을 찾는 목적이 다양해지므로 도서관 이용 방법도 다양해진다. 학년에 상관없이 학기 초에는 도서관 수업을 통해 도서관 이용 방법을 배우고 이용 예절을 떠올려보는 시간이 필요하다.

2학년 도서관 교육은 필요한 정보를 스스로 찾아 활용하는 방법을 배우는 정보 활용의 발돋움 과정이다. 아이들에게는 어른들이 권해주는 책을 읽는 것도 좋지만, 독서의 목적에 따라 관심 분야의 책이나 필요한 정보를 얻을 수 있는 책을 스스로 찾아보는 경험도 매우 중요하다. 독서의 목적이 즐거움을 얻기 위한 것인지 문제 해결을 위한 것인지 인지한 다음, 문제 해결을 위해 필요한 정보가 무엇인지 정의하고 필요한 정보에 접근하며, 나에게 유용한 정보가 맞는지 판단해 정보를 얻는 경험을 거치면서 아이의 정보 활용 능력은 자라난다.

우리 도서관을 소개해요
도서관 홍보하기

영역	도서관 / 다양한 정보원 / 분류와 청구기호 / 정보 활용	
학습 목표	도서관 이용 방법, 이용 예절을 알고 도서관을 소개하는 글을 쓸 수 있다.	
성취기준	도서관 영역	[도서관-02] 도서관 예절을 알고 생활 속에서 실천한다. [도서관-03] 도서관 이용 방법을 알고 목적에 따라 도서관을 활용한다.
	교과 영역	[2바06-01] 사람들이 많이 모이는 곳에서 질서와 규칙을 지키며 생활한다
활용 도서	『도서관에 개구리를 데려갔어요』 (에릭 킴멜 글, 블랜치 심스 그림, 신형건 옮김, 보물창고)	
수업 내용	1. 그림책 『도서관에 개구리를 데려갔어요』 읽고 이야기 나누기 2. 학교도서관을 이용해 본 경험 나누기 3. 도서관 퀴즈 대결 4. 도서관 홍보지 만들기 (워크북 15쪽)	
준비물	워크북(15쪽) 필기도구, 사인펜 또는 색연필, 미니 화이트보드, 보드마커	

그림책으로 마음 열기

2학년 첫 수업은 아이들이 자연스럽게 자신의 도서관 이용 경험을 떠올릴 수 있는 책으로 시작하는 것이 좋다. 그림책 『도서관에 개구리를 데려갔어요』는 도서관 예절을 알고 난 뒤 읽으면 더 재미있는 책이다. 도서관 예절이 무엇인지 직접 설명하는 책은 아니지만, 도서관에 온 동물들의 모습을 통해 자연스럽게 도서관 예절을 떠올리게 해 준다. 이 책에 등장하는 아이 브리짓은 애완동물들을 데리고 도서관에 가는데 동물들이 본의 아니게 자꾸 소동을 일으킨다. 개구리는 책상 위로 뛰어오르고, 펠리컨은 부리 주머니 속에 책을 숨기고, 비단구렁이는 책 사이에 비늘을 떨어뜨리고, 기린은 다른 친구들이 보는 책을 훔쳐본다. 얌전하게 도서관을 잘 이용하던 코끼리마저 도서관을 엉망으로 만들자 사서 선생님이 브리짓에게 이렇게 이야기한다. "브리짓, 네가 도서관에 오는 건 언제든 환영한단다. 하지만 다음에 도서관에 올 땐, 네 애완동물은 꼭 집에 두고 오렴." 이야기를 듣는 아이들의 얼굴에 살며시 미소가 떠오른다. 아마도 동물들의 모습 속에서 나의 모습 또는 내 친구의 모습을 보았기 때문일 것이다.

책을 함께 읽은 후, 자연스럽게 도서관을 이용했던 경험을 나누어 보자고 할 수 있다. 책에 나온 것과 비슷한 경험을 한 적이 있는지, 또는 1학년 때 도서관을 이용하면서 기억에 남는 일이 있는지를 나눈다. 간혹 특정 친구의 이름을 직접 언급하는 아이들이 있다. "도서관에 왔는데 ○○이가 뛰어다녀서 방해받았던 적이 있어요." "내가 빌리려던 책을 ○○이가 숨겨놔서 찾기 어려웠어요." 그러다 보면 그런 적 없다는 아이와 직접 봤다는 아이의 싸움으로 이어져 수업을 제대로 진행하기 어려워진다. 경험을 나눌 때는 자유롭게 말하되 '특정 친구의 이름을 말하지 않고 나의 경험 이야기하기'라는 규칙을 지켜야 한다고 미리 일러주고, '도서관에 왔는데 뛰어다니는 친구가 있어서 방해받았던 적이 있어요' 등의 예를 들어 주는 것이 좋다.

도서관 골든벨 퀴즈

퀴즈를 통해 도서관 이용 방법과 규칙, 도서관 이용 예절을 알아보는 시간이다. 미니 화이트보드를 이용하여 '도전 골든벨'처럼 퀴즈 대결을 하면 아이들의 적극적인 참여를 끌어낼 수 있다. 개별 퀴즈 대결도 좋지만, 도서관을 자주 이용하지 않던 아이들에게도 정답을 맞힐 기회를 주기 위해서는 2인 1조 또는 모둠별로 진행하는 것이 좋다. 다음의 예시를 참고하여 학교별 상황에 맞게 문제를 만든다. 수업 시간을 고려하여 문제 수를 조정할 수 있다.

문제 예시

1. 우리 학교 도서관 이름은?
2. 우리 학교 도서관 개방 시간은?
3. 우리 학교 도서관은 한 사람에게 책을 최대 몇 권까지 빌려주나요?
4. 3월 10일에 빌린 책은 늦어도 언제까지 도서관에 돌려주어야 하나요?
5. 도서관에서 그림책을 읽어주는 날은 무슨 요일인가요?
6. 도서관에서 책을 빌려 가는 것을 무엇이라 하나요?
7. 도서관에서 빌려 간 책을 돌려주는 것을 무엇이라 하나요?

8. 도서관에서 빌려 간 책을 돌려주어야 하는 날이 지난 것을 무엇이라 하나요?

9. 우리 학교 사서 선생님 성함은 무엇인가요?

10. 섞여 있는 다음 글자의 순서를 바로잡아 도서관에서 지켜야 할 예절을 완성해 보세요.

| 책 리 에 정 요 |
| 을 리 제 해 자 |

책을 제자리에 정리해요

| 야 도 소 이 소 요 곤 |
| 관 곤 서 서 에 기 해 |

도서관에서 소곤소곤 이야기해요

퀴즈의 정답을 얘기하며 다시 한번 도서관 이용 방법과 예절을 알려준 다음 이를 바탕으로 우리 학교 도서관을 소개하는 글을 쓰는 활동을 이어 간다.

우리 학교 도서관을 홍보해요!

도서관을 알리는 홍보지를 직접 만들어 보는 시간이다. 앞서 읽었던 『도서관에 개구리를 데려갔어요』의 이야기를 아이들에게 상기시키면 좋다. 도서관에 처음 오는 친구들이 이런 실수를 하지 않도록 도서관 홍보지에 어떤 내용을 꼭 담아야 할지 생

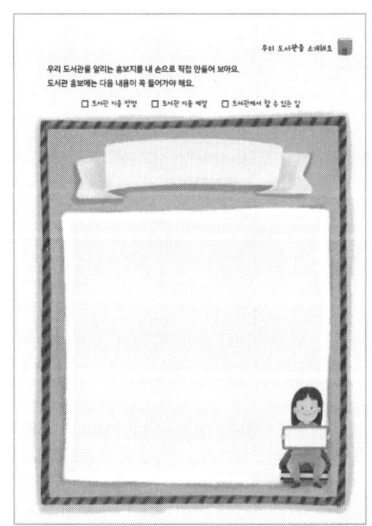

각해 보게 하는 것이다. 우리 학교 도서관 이름, 도서관 이용 방법, 도서관 이용 예절 가운데 중요하다고 생각하는 것을 포함하여 도서관을 소개하는 글을 쓰고 원하면 그림 등으로 홍보지를 꾸며 완성한다. `워크북 15쪽`

이런 활동도 할 수 있어요!

도서관 주문을 외워라!

도서관 퀴즈에서 했던 단어 퍼즐 맞추기는 도서관 행사 프로그램으로도 활용할 수 있다. 도서관 이용 예절과 규칙에 해당하는 글자 순서를 섞어 문제지를 만들면 참가자가 글자의 순서를 바로잡아 문장을 완성하는 것이다.

준비

- 책 리 에 정 요 을 리 제 해 자 와 같이 도서관과 관련 있는 여러 가지 문장의 글자 순서를 섞어 각각의 문제지를 만든다.

방법

- 참가자는 문제지를 하나 선택한 후 글자의 순서를 바로잡아 문장을 완성한다.

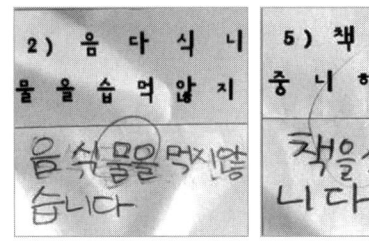 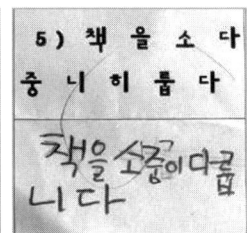

책의 구조에 대해 알아봅시다

영역	도서관 / **다양한 정보원** / 분류와 청구기호 / 정보 활용	
학습 목표	책의 구조를 알 수 있다.	
성취기준	도서관 영역	[다양한 정보원-01] 책의 구조를 알고 책에 대한 정보를 찾는다.
	교과 영역	[2국02-05] 읽기에 흥미를 가지고 즐겨 읽는 태도를 지닌다.
교과 연계	국어 2-1-2 자신있게 말해요(9-10차시) 좋아하는 책을 친구에게 소개하기	
활용 도서	『멋진 책이 될래요』(스기야마 가나요 지음, 문시영 옮김, 국민서관)	
수업 내용	1. 그림책 『멋진 책이 될래요』 함께 읽기 2. 다양한 책의 공통적인 구조 알아보기(워크북 16쪽) 3. 내가 좋아하는 책의 표지와 띠지 만들기(워크북 17쪽)	
준비물	워크북(16~17쪽) 필기도구, 사인펜 또는 색연필, 각자 좋아하는 책 한 권 백과사전, 사전, 도감, 단행본의 실물 자료, 덧싸개, 띠지 다양한 크기의 띠지용 종이, 가위, 풀	

책등이 뭐예요?

"선생님, 2학년 권장도서 어디에 있어요?"

"학년별 권장도서 서가 보이니? 거기 책등에 보면 학년 표시 스티커 붙인 게 있을 거야. 2학년 스티커 붙은 책 중에서 읽고 싶은 책 찾아볼래?"

"책등이 뭐예요?"

초등학교의 쉬는 시간은 정신이 하나도 없다. 대부분 1인 근무를 하는 학교도서관의 특성상 10분이라는 짧은 시간에 길게 줄 서 있는 아이들의 대출·반납 처리도 다 못해 줄 때도 많다. 이럴 때 책을 찾아달라는 아이까지 있으면 참 난감하다. 직접 가서 찾아주자니 대출·반납해 줄 사람이 없게 되므로 말로 책의 위치를 설명하게 된다. 이때 '서가' '분류번호 ○○○번대' '오른쪽/왼쪽으로/옆 칸으로' 등의 표현을 쓰게 되는데 그중 가장 많이 사용하게 되는 단어가 '책등'이다. 책등에는 띠라벨, 별치기호 라벨, 청구기호가 붙어 있어 책을 식별할 수 있는 요소가 많기 때문이다. 그런데 정작 아이들이 책등을 모른다면? 혼잡한 도서관에서 책을 높이 들고 "여기 딱딱한 부분이 책등이야. 여기를 봐!"라고 외치고 싶지 않다면, 도서관 교육을 통해 책의 구조를 아이들에게 가르쳐 줄 것을 권한다.

이 수업은 2학년 1학기 국어 2단원 '자신 있게 말해요'와 연계하여 진행할 수 있다. 2단원 마지막 차시에서 책 제목을 적고 띠지를 만들며 '좋아하는 책을 친구에게 소개하기' 활동을 한다. 국어과와 연계하여 도서관 이용 교육을 할 때는 학생들이 좋아하는 책 한 권을 미리 준비해 오게 한다. 보통 도서관에서 수업을 하므로 수업 중간에 각자 좋아하는 책을 골라올 수도 있겠지만 그렇게 하면 아이들이 책을 고르는 데 생각보다 너무 많은 시간이 걸린다. 책을 미리 한 권씩 준비하여 수업에 참여할 수 있도록 담임교사를 통해 미리 공지하는 것이 좋다.

공통점을 찾아요

아이들이 많이 듣는 질문 중의 하나는 꿈이 뭐냐는 것이다. 아이들의 꿈은 수시로 바뀐다. 관심사도 달라지고 중요하게 여기는 가치도 달라지기 때문이다. 그렇게 꿈을 찾아가며 아이들은 성장한다. 그림책 『멋진 책이 될래요』에 등장하는 꼬마 책을 보며 꿈을 찾아가는 우리 아이들이 생각났다. 꼬마 책은 멋진 책이 되고 싶어 매일 아침 운동도 하고 학교에서 공부도 한다. 그리고 도서관, 서점, 헌책방을 둘러보며 어떤 책이 되어야 할지를 생각한다. 꼬마 책을 따라다니다 보면 도감, 국어사전, 동화책, 위인전 등 다양한 책들을 만날 수 있고 책의 구조도 살펴볼 수 있다.

『멋진 책이 될래요』를 함께 읽으며 수업을 시작한다. 그림책을 읽어 준 후 책 속에 나왔던 도감, 국어사전, 그림책, 다양한 주제의 단행본 실물 자료를 보여 준다. 그림책 속에서 이 책들이 어떻게 소개되었는지 이야기 나누며 각각의 특징을 간단히 설명한다.

다음으로는 이 모든 책의 공통점을 찾아보라고 한다. 아이들은 보통 '종이로 되어 있다', '네모 모양이다', '한쪽으로만 열린다' 등의 이야기를 한다. 이때 사람이 생김새나 성격은 다 다르지만, 머리, 등, 배, 다리 등 같은 신체 구조를 가지고 있는 것처럼 책도 모양과 색깔, 그 안에 담긴 내용은 다 다르지만 같은 구조로 되어 있다고 알려준다. 1학년 때 배운 책표지(앞표지)를 시작으로 뒷표지, 책머리, 머리띠, 책발, 책등, 책배(책입), 면지, 책날개, 덧싸개, 띠지, 가름끈(갈피끈)의 명칭과 역할을 설명한다. 아이들이 미리 준비해 온 책을 꺼내게 하여 각자 해당하는 부분을 손으로 짚거나 찾아가면서 설명을 듣도록 하는 것이 좋다.

책을 쫙 펼쳐 뒤집어 보면 뒷표지, 책등, 앞표지가 나온다. 아이들에게 이를 보고 내가 좋아하는 책의 책표지와 책등을 옮겨 적어보게 한다.

워크북 16-17쪽

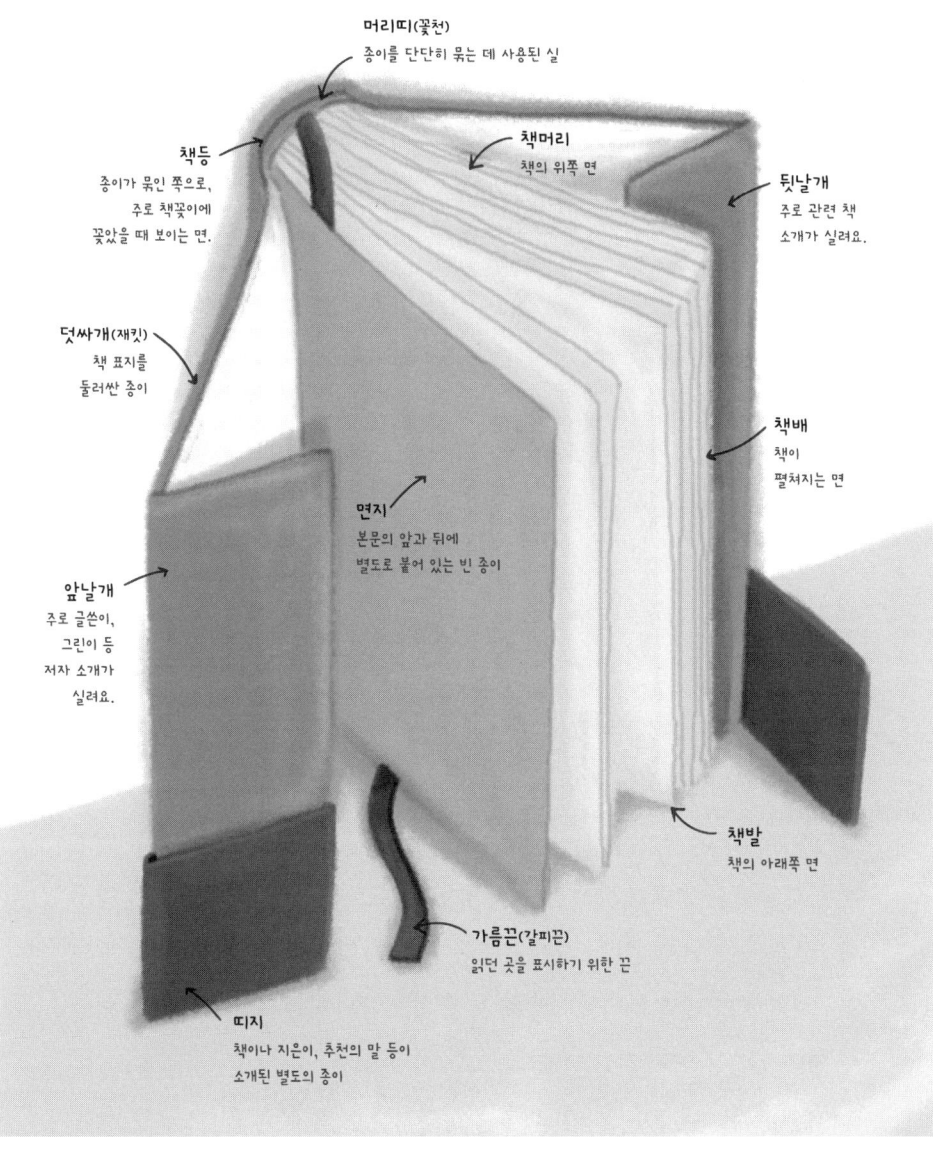

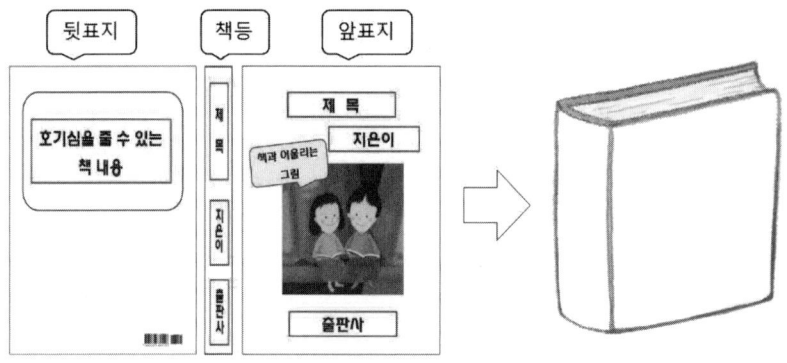

　책의 구조를 설명하면서 책을 정리하는 방법도 함께 알려줄 수 있다. 예를 들어 책등과 책배를 설명하면서 책은 이름표와 주소를 등에 붙이고 다닌다고 이야기한다. 책의 등에는 책 제목, 책의 위치와 주제를 알려주는 청구기호를 붙여 놓기 때문에 책을 정리할 때는 책등이 보이게 꽂아야 하며, 책을 찾을 때도 책등을 위에서부터 아래까지 잘 살펴봐야 한다고 말해준다. 그리고 책머리와 책발을 설명하면서 책도 머리와 발이 있으니 책머리가 위를 향하게 정리해 달라고 당부한다. 발을 위로 올려 물구나무를 세우면 책이 힘들어한다고 설명하면 아이들이 재미있어하며 잘 기억한다. 또한 책날개를 책갈피처럼 잘못 사용해서는 안 된다고 알려준다. 책날개를 책갈피처럼 사용하면 날개 부분이 금방 찢어지고 책 모서리 부분이 구겨지는 경우가 많다. 아이들에게 하드 커버 그림책과 책날개가 있는 소프트 커버 책의 모서리를 각각 만져 두께를 비교해 보게 하고 책날개가 책을 보호하는 역할도 하고 있음을 알려 준다.

　머리띠와 가름끈은 2학년 학생들이 골라오는 책에는 없는 경우가 많다.

그래서 교사가 미리 머리띠와 가름끈이 있는 책을 준비하는 것이 좋다. 덧싸개와 띠지는 도서관에서 책을 정리하면서 버리는 경우가 많은데 수업 시간에 직접 보여주려면 새 책을 정리할 때 따로 챙겨 보관해 두어야 한다.

다양한 띠지 디자인

띠지 만들기를 시작하기 전에 여러 가지 띠지를 아이들에게 보여 준다. 아이들이 잘 알고 있는 그림책의 띠지면 더 좋다. 띠지에 있는 글을 읽어준 후 어떤 책의 띠지인지 퀴즈를 내고 책을 함께 보여 주면 아이들의 관심을 끌어내기 쉽다. 띠지가 처음 만들어진 이유는 출간된 책이 문학상을 받았을 때, 이를 독자들에게 홍보하기 위해서였다고 한다. 오늘날에도 띠지에는 문학상 수상 내용, 책을 추천하는 글이나 작가를 소개하는 글이 짧게 실린다. 대체로 띠지는 책표지나 덧싸개와는 별도로 제작되어 책표지나 덧싸개 위에 두른다. 책 하단에 가로로 두르는 띠지가 대부분이지만 최근에는 띠지의 모양이 다양해졌고 띠지가 책표지의 일부분으로 디자인되기도 한다.

비룡소에서 출판된 정진호 작가의 그림책 『별과 나』의 띠지는 책표지에 있는 자전거가 달리는 길이 되어주고, 킨더랜드에서 출판된 이나래 작가의

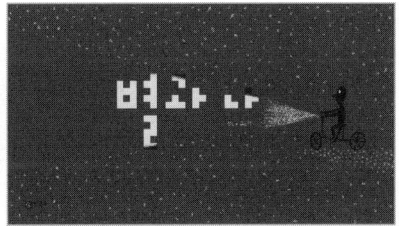

띠지 유무에 따라 자전거가 전혀 다른 곳을 달리는 『별과 나』.

빵 봉투와 팬티 모양의 독특한 띠지를 씌운 『탄 빵』과 『곰돌이 팬티』.

그림책 『탄 빵』의 띠지는 빵을 담고 있는 봉투처럼 보인다.(실제로 봉투이다.) 북극곰에서 출판된 투페라 투페라의 그림책 『곰돌이 팬티』의 띠지에는 '이 책은 팬티를 입고 있어요'라고 쓰여 있다. 이 책은 팬티를 벗을 때처럼 띠지를 아래로 내려야 책장을 넘길 수 있다.

그림책공작소에서 출판된 강경수 작가의 그림책 『나의 엄마』는 띠지에 중요한 의미를 담았다. 띠지를 두른 책표지에는 할머니와 손을 잡은 여자가 보인다. 책 제목으로 짐작해 볼 때 아마도 엄마와 딸일 것이다. 그런데 세로

띠지를 통해 표지 의미가 다양하게 해석되는 『나의 엄마』.

로 긴 띠지를 벗겨내면 할머니 대신 어린 여자아이가 나타난다. 띠지가 있을 때는 딸이었던 여자가 띠지를 벗겨내면 엄마로 변한다. 띠지만으로 독자의 상상력을 자극하고 책에 대한 호기심을 갖게 한다.

띠지를 버리는 사람들을 위해 재미있는 띠지를 만든 곳도 있다. 파란자전거에서 출판된 한성민 작가의 그림책『안녕! 만나서 반가워』의 띠지는 캐릭터를 오려 손가락 인형을 만들 수 있게 했다. 민음사에서 출판된 요시모토 바나나의 소설『해피 해피 스마일』은 띠지에 이 책을 재미있게 읽을 수 있는 여러 가지 방법을 제시하였고 띠지 뒷면에도 다양한 캐릭터 그림을 그렸다. 캐릭터 그림을 오려 책의 가름끈에 붙이면 멋지게 가름끈을 꾸밀 수 있다. 다양한 띠지를 보여 주는 것만으로도 아이들의 창의력을 자극하며, 다음 수업 활동에 대한 기대감을 일으킨다.

띠지의 도안을 오려 손가락 인형을 만드는『안녕! 만나서 반가워』.

띠지 만들어 책 소개하기

어떤 친구들에게 이 책을 추천하고 싶은지, 이 책을 한 문장으로 소개한다면 어떻게 할 것인지 등을 생각하게 하고, 책을 읽고 기억에 남는 문장이나 인상 깊은 장면 등을 찾아 글과 그림을 그릴 수 있게 지도한다. 띠지는 소개하려는 책에 직접 둘러보는 것이 좋다. 2학년 아이들은 그림책을 소개하는 경우가 많으므로 다양한 길이의 띠지 종이를 준비해야 한다. 자신이 준비한 책을 감쌀 수 있는 종이를 선택하게 한 후 띠지 만들기를 시작한다. 다음은 가장 많이 사용하고 가장 쉽게 만들 수 있는 가로형 띠지 만드는 방법이다. 워크북 17쪽

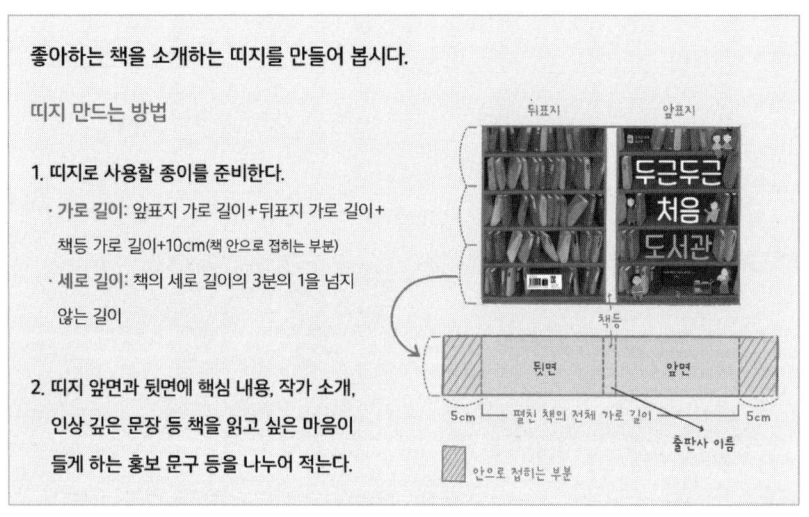

아이들이 세로형 띠지나 입체적인 띠지를 만들 수도 있으므로 다양한 크기의 종이를 준비해 두는 것이 좋다. 수업 결과물의 공유 활동으로 아이들이 수업 시간에 만든 띠지를 도서관 소장 도서에 둘러 전시할 수도 있다.

이런 활동도 할 수 있어요!

이 책을 추천합니다

전 학년을 대상으로 띠지 만들기(추천글 쓰기) 행사를 할 수 있다. 다양한 색깔과 크기의 띠지 종이를 준비하여 학생들이 자유롭게 선택하게 한다. 또 가로형 띠지, 세로형 띠지, 봉투 모양의 띠지, 표지의 일부가 되는 띠지 등 다양한 띠지를 전시하면 학생들이 개성 있는 띠지 아이디어를 떠올리는 데 도움이 된다.

준비

- 그림책용, 단행본용 띠지 종이(소포지, 2절 색상지, 4절 색상지를 다양한 길이로 준비)

방법

- 참여를 원하는 학생은 도서관에 준비된 띠지용 종이를 가져간다.
- 학생은 책을 다 읽고 간단한 추천의 글과 추천자 이름을 함께 적어 띠지를 완성한다.
- 빌려 간 책을 반납할 때 띠지를 함께 반납한다.
- 반납한 책에 띠지를 둘러 학교도서관에 전시 또는 서가에 배열한다.

표제지와
판권지를 살펴봐요

영역	도서관 / **다양한 정보원** / 분류와 청구기호 / 정보 활용	
학습 목표	표제지와 판권지에 대해 알아보고, 책의 정보를 찾아 적을 수 있다.	
성취기준	도서관 영역	[다양한 정보원-02] 판권지에 대해 이해하고 정보의 출처를 표기한다.
	교과 영역	[2국03-01] 글자를 바르게 쓴다.
수업 내용	1. 표제지에 대해 알기 2. 판권지에 대해 알기 3. 책 한 권을 골라와 판권지에 나타난 정보 찾아 써보기	
준비물	워크북(18쪽), 필기도구	

책 정보를 자세히 알 수 있어요

책의 겉표지를 넘겨 속지를 보게 되면 보통 첫 번째 장은 비어 있거나 책 제목만 나와 있다. 그다음 장에 또 책 제목이 나오는데, 이때는 첫 장과 다르게 책 제목, 지은이, 출판사까지 나와 있다. 이렇게 앞표지에 있던 정보를 다시 한번 제시해 주는 속표지를 '표제지'라고 한다. 아이들에게 표제지를 가르쳐 주는 이유는 출처 쓰기나 독서록 쓰기를 할 때 필요한 출판사 정보를 찾기 위해서이다.

3~4학년을 대상으로 하는 수업 중에 백과사전 찾아보기나 도감 찾아보기 활동이 있다. 각자 알고 싶은 사건이나 동식물에 대한 조사를 한 후 출처를 쓰게 하면 "선생님, 출판사가 없어요. 어떻게 해요?"라는 질문이 종종 나

표제지 →  판권지 →

온다. 예시자료로 앞표지에 출판사가 없는 책을 보여주며 책을 한두 장 넘겨 표제지에 책 제목, 지은이, 출판사가 다 있다는 것을 알려준다. 2학년 때 표제지에 대한 설명을 해 주었더라도, 아이들에게는 반복 학습이 필요하다.

  책에 대한 정보는 표제지보다 판권지에서 더 자세히 알 수 있다. 판권지는 책에 따라 본문 앞에 나오기도 하고(표제지 왼쪽면 또는 뒷면) 맨 뒤에 나오기도 한다. 판권지의 의미는 이 책에 대한 권리가 누구에게 있는지를 알려주는 것이다. 판권지에는 보통 제목, 발행일, 저자(지은이), 발행인, 발행처, ISBN 등의 정보가 담겨 있다. 발행연도는 보고서나 논문에서 참고문헌을 작성하는 데 꼭 필요한 사항이다. 발행일을 보면 판(초판 또는 1판, 개정판 등)과 쇄(1쇄, 2쇄, 3쇄 등)를 표시하는데, '판^{版}'은 책의 내용이 바뀌었을 때 숫자가 바뀌며, 내용 변화 없이 추가로 인쇄할 때는 '쇄^{刷}'의 숫자만 바뀐다.

판권지 따라 써 보기

표제지와 판권지에 대한 이해를 돕기 위해 아이들이 직접 책을 펼쳐 표제지와 판권지의 정보를 옮겨 적는 활동을 한다. 표제지에 나온 정보를 그대로 적어 보고, 판권지를 보면서 활동지의 빈칸에 책 제목, 지은이, 출판사 등을 채워 보는 것이다. 표제지는 정보가 많지 않아 금방 해결하는데 판권지 활동은 조금 어려워하는 편이다. 이럴 때는 선생님이 한 번 더 예시자료를 보여주며 자세히 그리고 천천히 설명해 준다. 워크북 18쪽

판권지에서 아이들이 제일 어려워하는 건 지은이 항목이다. 외국 작가의 그림책은 글쓴이와 그린이, 옮긴이 등 저자가 여럿인 경우가 많고, 작가 이름이 낯설고 아주 긴 책도 있어 아이들이 따라 쓰기 힘들어한다. 이름이 너무 길고 지은이 항목이 여럿이라면 글쓴이만 적게 하는 등 융통성을 발휘하도록 한다.

이런 활동도 할 수 있어요!

판권지 게임

각자 한 권씩 책을 준비해 판권지를 보면서 하는 게임. 모둠 안에서 발행연도나 쇄를 비교하여 모둠 대표를 정하고, 모둠 대표끼리 발행연도나 쇄를 비교하여 최종 우승 모둠을 선발한다. 우승한 모둠에게는 간식이나 급식 일찍 먹을 수 있는 기회 제공 등의 보상을 한다.

준비

- 판권지를 확인할 수 있는 책 1인 1권

방법

- 가장 나이 많은 책을 찾아라: 발행연도가 가장 오래된 책을 찾아본다.
- 가장 나이 어린 책을 찾아라: 가장 최근에 발행된 책을 찾아본다.
- 가장 인기 있는 책을 찾아라: 쇄를 비교하여 가장 많이 인쇄된 책을 찾아본다.

책을 분류하는 규칙이 있어요

영역	도서관 / 다양한 정보원 / **분류와 청구기호** / 정보 활용	
학습 목표	한국십진분류법(KDC)에 대해 알고, 책을 보고 분류번호를 적을 수 있다.	
성취기준	도서관 영역	[분류와 청구기호-01] 도서관의 자료 분류법을 이해한다.
	교과 영역	[2국02-03] 글을 읽고 주요 내용을 확인한다.
활용 도서	『도서관이 정말 좋아요』(마르타 아빌레스 글·그림, 윤원미 옮김, 파란자전거)	
수업 내용	1. 그림책 『도서관이 정말 좋아요』 읽기 2. 십진분류표(KDC) 알아보기 3. 각 분류기호에 해당하는 내용 살펴보기 4. 우리 도서관의 분류기호에 해당하는 색깔 칠하기	
준비물	워크북(19쪽), 색연필, 필기도구	

도서관에 있는 책들의 비밀을 밝혀라

십진분류법은 도서관 교육 중에서 저학년 아이들이 가장 딱딱하고 어렵게 느끼는 내용이다. 설명만으로는 지루한 수업이 되거나 재미도 이해도 없이 끝나기 쉽다. 분류의 개념을 쉽게 이해하고 필요성을 공감하며 분류번호를 파악해 직접 활용하는 단계로 나아갈 수 있도록 도우려면 어떻게 해야 할까?

먼저 수업을 시작할 때 동기유발 자료로 그림책『도서관이 정말 좋아요』를 읽어준 후 우리 학교 도서관에도 이야기 책, 역사, 천문학 책 등이 있는지 찾아보자고 제안한다. 활동에 앞서 분리배출 표시나 분리수거 하는 모습이 담긴 사진을 보여 주며 무엇을 하는 것인지, 무엇을 의미하는지 물어본다. 아이들은 보통 "분리수거하는 거요."라고 대답한다. 분리수거는 어떻게 하는 건지 물어보면 "플라스틱은 플라스틱끼리, 종이는 종이끼리 모아서 버려요."라는 답이 어렵지 않게 나온다. 이와 연결하여 분류의 개념을 설명하면 아이들이 비교적 쉽게 이해하는 편이다. 도서관에 있는 책들도 분리수거 하는 것처럼 같은 것끼리 분류하며, 그 기준이 바로 '한국십진분류법^{KDC,} $^{Korean\ Decimal\ Classfication}$'이라고 알려준다. 한국에서 만들고 10개의 분류 법칙이 있어서 한국십진분류법이라는 이름이 붙었다는 설명과 함께 우리 도서관뿐 아니라 일반적인 공공도서관에서도 사용하는 규칙이라 분류번호가 비슷하다는 것도 덧붙인다.

'분류'의 개념을 좀 더 이해하는 데 도움이 되는 그림책을 동기유발 자료로 활용할 수 있다. 일정한 기준에 따라 종류가 같은 것을 모아 나누는 것을 뜻하는 분류^{分類} 개념을 잘 이해하지 못하는 2학년 아이들도 많다. 수업을 시작할 때 관련 그림책을 읽고, 모두가 똑같이 분류할 수 있는 기준은 어떤 것인지 이야기해 보면 좋다. 예를 들어 『키키의 빨강 팬티 노랑 팬티』를 읽은 다음, 동물 친구들이 빨래한 옷을 색깔, 모양, 쓰임새에 따라 분류한 것을 확인하며 자연스럽게 분류에 대한 개념을 익히고, 분류하면 좋은 점을 함께 생각해 본다.

관련도서

『키키의 빨강 팬티 노랑 팬티』(유타루 글, 윤정주 그림, 비룡소)

『얼렁뚱땅 아가씨』(박정선 글, 이민혜 그림, 시공주니어)

『우주선 타기는 정말 진짜 너무 힘들어』(이재윤 글, 노자매 그림, 아이세움)

십진분류표 쉽게 이해하기

분류의 개념과 필요성을 이해했다면 이제 본격적으로 십진분류법을 살펴볼 차례이다. 번호별로 정리된 십진분류표를 보여주며 각 분류번호에 해당하는 주제를 설명한다. 주제어와 관련도서는 아이들이 좋아할 만한 것들로 제시한다.

철학, 종교 등 어휘 자체가 어려운 것은 좀 더 쉬운 말로 풀어 설명하거나 직접 책을 보여주면 이해하는 데 도움이 된다. 예를 들어 종교에 대해 설명한다면, 먼

십진분류(KDC) - 도서관 자료의 주제			
000	총류	500	기술과학
100	철학	600	예술
200	종교	700	어학
300	사회과학	800	문학
400	자연과학	900	역사지리

저 교회, 절, 성당에 다니는 사람을 간단히 묻고 각각 기독교, 불교, 천주교라는 종교를 가지고 있는 것이며 이런 것을 종교라고 한다고 알려준다. 그리고 아이들이 좋아하고 한 번쯤 읽었을 만한 『그리스 로마 신화』를 보여주며 200 종교를 설명한다. 400 자연과학은 공룡이나 『Why?』 같은 과학만화 등의 예를 들어 설명하면 쉽게 이해한다.

600 예술의 경우 보통 미술, 음악이 속한다는 정도는 아이들도 알고 있다. 거기에 덧붙여 스포츠도 예술에 속한다는 것을 이해시키기 위해 자주 드는 예는 김연아 선수이다. "김연아 선수의 스케이팅하는 모습을 보면 어떤 느낌이 드나요?"라고 물으면 아이들은 "멋있어요." "예뻐요." 등의 반응을 보인다. "김연아 선수의 스케이팅하는 모습은 정말 예술이지요? 그래서 스포츠도 예술에 속한답니다." 좀 억지스럽게 느껴질 수도 있겠지만, 아이들에게 600 예술 하면 김연아 선수를 떠올리며 스포츠가 예술에 속한다는 연결점을 만들어 주고 싶어 이렇게 설명한다.

아이들이 가장 많이 찾게 되는 800 문학의 경우 어느 도서관을 가도 이 800번 책이 가장 많은데, 그 이유는 우리가 즐겨 읽는 책들이라 그만큼 많이 출판되기 때문이라고 설명한다. 또 하나 중요한 것은 이 분류법(KDC)이 우리나라에서 만들어졌기 때문에 810번은 우리나라 문학이라는 점이다. 820은 중국, 830은 일본, 840은 미국·영국, 850은 독일 문학이라고 체계를 설명하면, '선생님은 그걸 어떻게 다 알고 있지?'라는 표정으로 아이들 눈이 동그래지곤 한다.

900 역사와 관련해서는 위인전을 짚어 준다. 역사 속에 실제 존재했던 인물 이야기라 위인전이 900에 속하는 것이라고 설명하면 쉽게 고개를 끄

덕인다.

분류번호 체계는 참으로 논리적이다. 처음 책에 대한 분류를 시작했을 때는 시詩, 사史, 철哲 세 가지로 분류했다가 점점 세분화하여 10개의 주제로 기준을 만들어 놓은 것이기 때문이다. 이 분류번호에 대한 수업을 반복적으로 하고 도서관에서 책을 찾을 때도 분류번호를 기억하고 찾다 보면 자연적으로 논리적인 사고방식을 키울 수 있을 것이다.

다시 한번 각 분류번호의 의미를 생각하며 분류번호, 주제, 내용이 나와 있는 표를 보고 우리 학교도서관에서는 어떤 색깔인지 각 해당 분류번호 색깔을 칠하는 활동을 한다. 워크북 19쪽

수업하면서 각 분류번호를 대표하는 책표지를 화면에 띄우거나 실물을 보여주는 식으로 활용하면 효과적이다. 과제로 각자 읽고 싶은 책 2권을 골라 책 제목과 분류기호를 적고, 주말에 공공도서관 가서 똑같은 책을 찾아 분류번호를 적어오게 할 수도 있다. 공공도서관에 해당 책이 없을 경우를 대비해 두 권 중 하나만 해도 된다고 설명해 준다. 다음은 각 분류번호를 대표할 만한 책들이다.

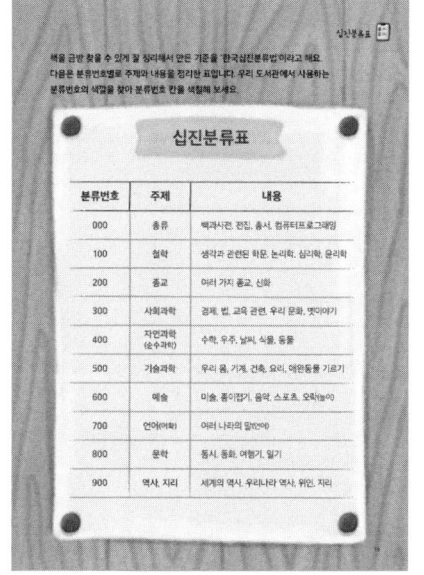

000		500
100		600
200		700
300		800
400		900

비슷하지만 조금 다른 번호

한국십진분류법을 기본으로 하기 때문에 도서관마다 분류기호는 동일하지만 세부적인 분류번호는 조금씩 다르다. 서로 다른 도서관의 웹사이트에서 동일한 책을 검색하는 과정을 보여주고 분류번호(청구기호)를 확인해 보면 확실히 알 수 있다. 다음은 아이들이 좋아하는 책인 『엉덩이탐정과 카레 사건』을 어린이도서관 세 곳에서 검색한 결과이다. 일본 현대소설로 분류하는지, 일본동화로 분류하는지에 따라 분류번호가 조금씩 다르다.

이런 활동도 할 수 있어요!

KDC 책 빙고

수업이 일회성으로 끝나지 않고 아이들이 책을 읽을 때마다 주제를 확인하는 습관을 기르도록 KDC 책빙고 게임을 한다. 일반적인 빙고 게임처럼 3줄을 완성하는 것인데, 그러려면 각 칸에 지정된 분류번호의 책을 10권 이상 읽어야 한다. 혼자서는 중간에 포기하기 쉬우므로 친구와 함께 팀을 이루어 참여하는 것이 좋다. 반별로 커다란 전지에 빙고판을 만들어 주면 전체 학생의 참여가 가능하다. 빙고판이 채워지면 도서관에 제출하게 하고, 학급별 상품을 수여한다.

준비

- KDC 빙고판을 인쇄한 종이

500 책 제목: 읽은 날:	600 책 제목: 읽은 날:	300 책 제목: 읽은 날:	400 책 제목: 읽은 날:	000 책 제목: 읽은 날:
300 책 제목: 읽은 날:	600 책 제목: 읽은 날:	500 책 제목: 읽은 날:	800 책 제목: 읽은 날:	400 책 제목: 읽은 날:
900 책 제목: 읽은 날:	400 책 제목: 읽은 날:	700 책 제목: 읽은 날:	800 책 제목: 읽은 날:	900 책 제목: 읽은 날:
300 책 제목: 읽은 날:	800 책 제목: 읽은 날:	500 책 제목: 읽은 날:	200 책 제목: 읽은 날:	300 책 제목: 읽은 날:
100 책 제목: 읽은 날:	700 책 제목: 읽은 날:	400 책 제목: 읽은 날:	100 책 제목: 읽은 날:	100 책 제목: 읽은 날:

방법
- 정해진 기간 동안 가로, 세로, 대각선으로 3개의 줄을 완성하며 책을 읽는다.
- 칸마다 쓰여 있는 숫자는 KDC 대분류를 나타낸다. 학생들은 해당하는 주제의 책을 읽고 사서교사에게 확인을 받는다.

십진분류에 대해 알아봅시다

영역	도서관 / 다양한 정보원 / **분류와 청구기호** / 정보 활용	
학습 목표	분류번호와 청구기호에 대해 알고, 분류번호와 그 내용(주제)에 따라 짝을 지을 수 있다.	
성취기준	도서관 영역	[분류와 청구기호-01] 도서관의 자료 분류법을 이해한다. [분류와 청구기호-05] 청구기호의 의미와 구조를 이해한다.
	교과 영역	[2국03-01] 글자를 바르게 쓴다. [2국02-03] 글을 읽고 주요 내용을 확인한다.
활용 도서	『책벌레』(권재희 글·그림, 노란상상)	
수업 내용	1. 좋아하는 책을 찾아서 책등에 있는 분류번호(대분류번호) 쓰기 2. 그림책 『책벌레』 읽기 - 청구기호는 책의 집주소라는 사실 알기 3. 각 분류기호와 내용(소주제) 연결하기 4. 도서관 분류송 부르기	
준비물	워크북(20-21, 31쪽), 색연필, 필기도구	

책등에서 분류번호를 찾아요

도서관에서 책을 찾으려면 청구기호를 알아야 한다. 청구기호는 책의 집 주소인 셈이다. 청구기호를 본격적으로 살펴보기 전에 앞서 배운 분류번호를 복습하는 시간을 갖는다. 먼저 각자 책을 한 권씩 골라 오게 한다. 한국십진분류표 KDC를 한 번 더 보여준 다음, 가져온 책의 책등에 있는 분류번호(대분류)를 쓰고 같은 색으로 칠하게 한다. 워크북 20쪽

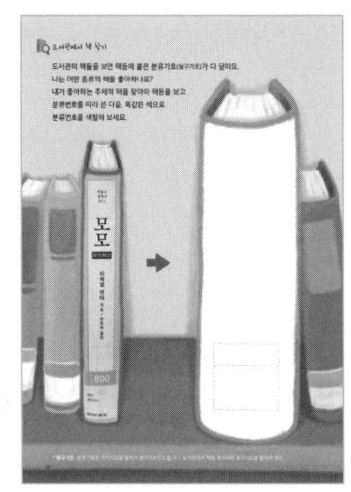

분류번호를 옮겨 쓰느라 책등을 유심히 살펴본 아이들이 질문을 던진다. "선생님, 큰 번호 밑에 있는 건 뭐예요?" 청구기호를 본격적으로 살펴보기에 앞서 그림책 『책벌레』를 함께 읽는다. 도서관 속 자기 집 주소를 '아813.7-15-120'이라고 소개하는 작은 책벌레와 다른 친구들을 통해 책마다 청구기호가 있다는 것을 자연스럽게 인식할 수 있다. 2학년 수업인 경우는 '청구기호는 이런 것이다.'라고 간략히 그림책에 나와 있는 정도만 알려주어도 된다.

청구기호는 어떻게 만들어질까?

청구기호는 분류기호와 저자기호로 이루어져 있다. 분류기호는 앞에서 살펴보았듯이 주제에 따라 정해지고, 저자기호는 저자기호표에 따라 임의

적으로 숫자가 부여된다. 예를 들어 권정생 작가의 책 『강아지똥』의 청구기호는 '813.8 권74ㄱ'이다. 이때 '권74ㄱ'를 저자기호라고 한다. 저자의 성 '권'에 저자기호표(리재철의 한글순도서기호법)에 의해 'ㅈ'은 '7' 'ㅓ'는 '4'로 정해지고, 그다음에 책 제목의 첫 자음을 넣어준 것이다.

청구기호 만드는 수업은 보통 3학년에 한다. 분류번호와 청구기호는 설명할 때 조금 호흡이 길어 지루해할 수 있는 부분이다. 아이들이 좋아할 만한 책을 예시로 들어 설명하면 집중도를 높이는 데 도움이 된다. 하지만, 아이들이 분류번호 맞추고 청구기호 만들기를 할 때는 아주 재미있어한다. 그렇게 많이 외우거나 머리를 쓰지 않고도 성취감을 주는 활동이기 때문일 것이다.

십진분류법 심화 활동

청구기호에 대한 설명을 간단히 하고, 지난 시간 배운 십진분류법의 심화 활동으로 각 분류번호에 따른 내용을 연결해보는 활동을 하며 수업을 마친다.

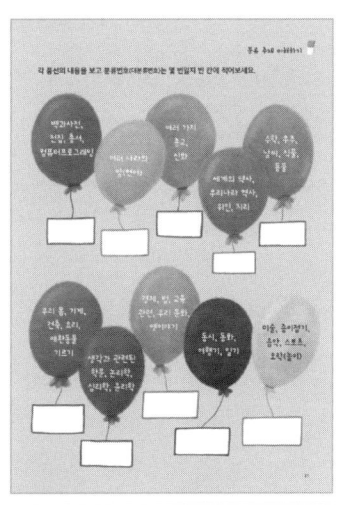

워크북 21쪽

각 분류번호 주제를 모를 수 있으므로, 이 활동지를 할 때는 오른쪽의 분류표를 화면에 띄워 놓고 진행한다.

활동지를 다 마치면 지금까지 배운 분류번호를 확실히 기억할 수 있도록 '도서관 분류송'을 불러본다. 원곡 「독도는 우리땅」의 가사를 개사하여 도서관 분류송을 배우고 함께 부르며 수업을 마무리한다. 워크북 31쪽

도서관 분류송

[1절]

한국십진분류표 알아두면 편리해 우리모두 다함께 외워봅시다

000은 총~류 100은 철~학 편리한 KDC

200은 종~교 300 사회과학 400 자연과학 반이나 외웠네

500은 기술과학 600은 예~술 편리한 KDC

700 언~어 800은 문~학 900 역~사 지리도 있지

도서관 책들~의 비밀을 알게 된~ 나는야 독서~왕

[2절]

필요한 책~을 찾~고 싶다면 한국십진분류표 기억해야 해

도서관에 갈 때마다 우릴 도와 줄거야 다~함께 외워보자

000 총~류 100 철~학 200 종교 신화도 있지

300 사회과학 400 자연과학 500 기술과학 (요리짱)

600 예~술 700 언~어 800 문~학 동시도 있지

900 역~사 지리 위~인 십진분류 다 외웠네 (KDC)

이런 활동도 할 수 있어요!

주제별로 모여라

도서관 행사 진행 시 분류번호 찾기 미션을 넣어 아이들이 게임을 통해 분류번호에 대한 개념을 다시 익히고 기억할 수 있게 한다. 대주제인 분류번호에 해당하는 소주제 그림 카드를 찾아 미션을 완성하는 게임이다.

준비

- 다양한 주제의 그림 카드(대주제별 최소 6개 이상의 소주제 카드 준비)
- 대주제 이름이 쓰인 미션 카드
- 카드 모음판

- 미션 카드
- 카드 모음판
- 소주제 그림 카드

방법

- 다양한 대분류 주제에 포함되는 소주제 카드를 섞어 놓는다.
- 참가자는 대주제가 쓰여 있는 미션 카드를 한 장 뽑는다.
- 해당 주제에 맞는 그림 카드를 찾아 미션을 수행하면 상품을 준다.

독서주간 행사에서 여러 미션 중 하나로 '도서관 주제 찾기'와 청구기호 쓰는 미션을 넣어 도서관 분류번호를 다시 한번 확인할 수 있도록 한다. 분류번호를 찾아 미션을 해결하는 과정에서 우리 도서관의 분류번호 위치와 청구기호를 자연스럽게 익힐 수 있다. 도서관 주간 등 주로 여러 날에 걸쳐 행사가 이루어지는 경우가 많은데, 다양한 미션을 수행하도록 제공하고 미션을 모두 완성하면 그 노력에 대한 보상으로 조금 큰 선물을 주는 건 어떨까.

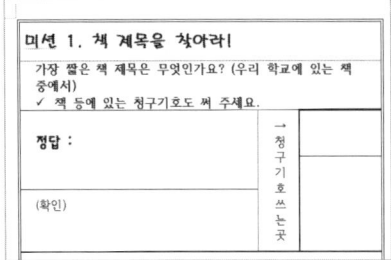
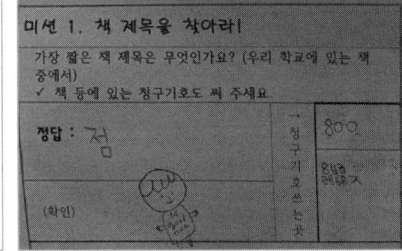

문학과 비문학은
어떻게 다를까요?

영역		도서관 / **다양한 정보원** / **분류와 청구기호** / 정보 활용
학습 목표		문학과 비문학의 차이를 이해하고 독서 목적에 따라 활용할 수 있다.
성취기준	도서관 영역	[분류와 청구기호-03] 문학과 비문학의 차이를 이해하고 목적에 맞는 독서활동을 한다
	교과 영역	[2국02-05] 읽기에 흥미를 가지고 즐겨 읽는 태도를 지닌다. [2국02-03] 글을 읽고 주요 내용을 확인한다. [2국02-04] 글을 읽고 인물의 처지와 마음을 짐작한다. [2국03-05] 쓰기에 흥미를 가지고 즐겨 쓰는 태도를 지닌다. [2국05-02] 인물의 모습, 행동, 마음을 상상하며 그림책, 시나 노래, 이야기를 감상한다.

활용 도서	『난 무서운 늑대라구!』(베키 블룸 글, 파스칼 비에 그림, 고슴도치)

수업 내용	• 수업 1: 문학과 비문학 구분해 보기
	  - 개념정리: 문학과 비문학을 왜 구분해서 읽어야 하는지 알기
	  - 활동1(시연): '고양이'를 키워드로 책 주제 살펴보기
	  - 활동2(적용): '강아지'를 키워드로 한 책을 문학과 비문학으로 구분하기
	• 수업 2: 문학과 비문학 독서 표현활동 하기
	  - 동기유발: 『난 무서운 늑대라구!』 함께 읽기
	  - 활동1(적용): 『난 무서운 늑대라구!』 독서 표현활동하기
	  - 활동2(심화): 문학·비문학 책 읽고 독서 표현활동하기

준비물	워크북(22-25쪽), 『난 무서운 늑대라구!』 활동지

  저학년 아이들에게 스스로 책을 찾아 읽으라고 하면 주로 이야기로 구성된 문학 장르의 그림책을 선택해서 읽는 경우가 많다. 그림책은 문학(동화)뿐 아니라 다양한 주제를 스토리텔링 형식으로 제작한 책도 포함되는데 주제에 대한 서술이 명확하지 않으면 도서관에서는 그림책을 십진분류 800(문학)으로 분류하기 때문에 800번대 그림책에 비문학이 섞여 있을 수 있다. 단순히 여가활동으로 책을 읽게 한다면 저학년 아이들에게 굳이 문학인지 비문학인지 구분해서 읽게 할 필요가 없겠지만 도서관 자료를 다양하게 활용하면서 올바른 독서활동을 할 수 있게 하려면 저학년 시기부터 독서 목적에 따라 문학과 비문학을 구별해 읽을 수 있도록 교육해야 할 것이다. 초등학교 교육과정에서 '읽기' 영역을 살펴보면 '의사소통의 목적, 매체 등에 따라 다양한 글 유형이 있으며, 유형에 따라 읽기의 방법이 다르다'라고 일반화된 지식으로 서술되어 있다. 아이들이 읽기 자료의 유형과 유형에 따라 다른 읽기 방법을 기본 지식으로 알고 있어야 읽기 활동을 제대로

할 수 있다는 것이다.

　글의 갈래에서 보면 산문을 문학과 비문학으로 구분한다. 문학을 '시, 소설, 수필, 희곡 등 사람의 생각이나 느낌을 예술적으로 나타낸 말이나 글'*로 정의한다면 그 외의 글은 비문학이라 할 수 있다. 비문학은 의사소통의 목적에 따라 정보 전달이 목적인 글과 설득이 목적인 글로 구분할 수 있으며, 도서관 교육에서는 정보 전달이 목적인 글을 주로 활용한다.

문학과 비문학 구분해 보기

　저학년에게 문학과 비문학은 목적에 따라 읽기 방법이 다르다는 것을 알려주려면 어떤 교육을 해야 할까? 초등학교 3~4학년은 국어 교육과정에서 '글의 유형에 따라 대강의 내용을 간추린다'는 성취기준 아래 문학뿐만 아니라 설명하는 글, 주장하는 글 등을 배우면서 사실과 의견을 구분하는 방법도 배운다. 그러나 저학년은 글자, 낱말, 문장을 능숙하게 읽는 교육을 중점적으로 하고 있어 도서관 수업 중 도서관 활용 영역에서 할 수 있는 읽기 교육을 따로 해 줄 필요가 있다.

　우선, 앞서 배운 십진분류 주제를 바탕으로 내가 검색한 책이 어떤 주제에 속해 있는지 살펴보면서 책 제목에 같은 키워드(단어)가 있다 해도 주제가 다르면 내가 찾으려는 책이 아닐 수도 있다는 것을 알려 주어야 한다. 정보 전달이 목적인 비문학 자료들은 문학(800)이나 사회과학(300)에 속한 옛

---

* 『초등국어 개념사전』(김미숙 외 지음, 아울북)에서 인용

이야기와 서술 형식이 다르기 때문에 읽기 목적에 따라 다르게 읽어야 함을 교육해야 한다. 만약 공룡을 좋아하는 아이가 옛날에 어떤 공룡들이 살았는지 궁금해한다면 『어느 날 우리 반에 공룡이 전학 왔다』(서지원 지음, 길벗스쿨)와 같은 문학책을 통해서는 알고 싶은 정보를 찾을 수 없음을 알려주는 것이다. 특히 2학년 교육과정 통합교과서에는 가을 열매, 다양한 집, 마을 사람들의 직업, 가고 싶은 나라 등을 조사해 보는 활동이 포함되어 있기 때문에 과제 해결을 하려면 정보 전달을 목적으로 하는 비문학 책을 읽어야 함을 가르칠 필요가 있다.

문학과 비문학의 구분을 위해 아이들이 좋아할 만한 주제의 단어를 키워드로 제시해 보자. 예를 들어 도서관 도서 검색을 통해 '고양이'를 검색해 보면 다양한 주제의 책들이 결과물로 나온다. 그중 아이들의 수준에 맞는 책들을 나열해 제목에 '고양이'가 다 들어가 있지만 주제는 각각 다르다는 것을 보여 줄 수 있다. 아이들에게 '고양이의 특징에 대해 알아보려면 어떤 책을 읽으면 좋을까?'

'고양이' 키워드로 찾아본 주제별 책

라고 질문을 던진다. 문학작품인 『장화신은 고양이』나 옛이야기인 『개와 고양이』를 읽고 고양이의 행동과 습성을 객관적으로 알 수 있는지 아이들과 이야기해 보면서 동화나 우화에 등장하는 고양이를 통해서는 사실적인 정보를 얻을 수 없다는 것을 알려 준다. 고양이의 특징을 알고 싶다면 백과사전(000)이나 자연과학(400) 속의 고양이를 찾아봐야 하며, 고양이 기르는 방법을 알고 싶을 땐 기술과학(500>527-축산학)에서, 고양이 명화를 찾고 싶거나 그려보고 싶을 땐 예술(600)에서 찾아보도록 도서관에서 교육하는 것이다. 워크북 22쪽

고양이라는 키워드로 주제별 책을 구분해 보는 방법을 배워 보았다면, 다른 키워드로 아이들이 스스로 문학과 비문학을 구분해 보는 활동을 해 보자. 예를 들어 아이들이 좋아하는 또 다른 반려동물인 '강아지'를 키워드로 검색한 책들을 섞어 놓고 비문학이라고 생각하는 책에 표시를 해 보게 한다. 강아지로 검색하면 요즘 초등학생들이 필수로 배우고 있는 코딩 관련 책(005.1)과 강아지 심리(527)에 대해 알아볼 수 있는 책들도 찾을 수 있다. 워크북 23쪽

'강아지' 키워드로 찾아본 주제별 책

수업 시간이 충분하다면 아이들이 직접 찾아보고 싶은 키워드로 학교 도서관이나 온라인 서점 등을 검색해서 실시간으로 책 제목을 적어 주는 것도 좋다. 도서관에서 검색해서 나온 책들은 책 제목만 보여 준 후 어디에 분류되어 있을지 추측해 보고 그 주제 분류를 바로 확인할 수 있으므로 아이들의 흥미와 참여도를 높일 수 있다.

문학과 비문학에 맞는 독서 표현활동

독서활동을 할 때 감상문 쓰기를 지나치게 강조하면 아이들이 책 읽기를 싫어하게 된다고 한다. 초등학교 1~2학년 교육과정에도 '문학' 영역에서는 문학에 대하여 친밀감과 흥미를 느끼도록 하는 데 중점을 두고 있으며, '쓰기' 영역에서는 자신의 생각을 문장이나 짧은 글로 표현하면서 쓰기에 흥미를 갖고, 부담 없이 쓰는 태도를 기르는 데 주안점을 두고 있다. 따라서 독서 후 감상 표현물은 기존의 독서록에 쓰게 하는 것보다 읽으면서 든 생각이나 알게 된 내용을 한두 줄로 간단하게 쓸 수 있는 활동지로 만들어 주는 것이 좋다.

만약 각자 읽고 싶은 그림책을 가지고 와서 해 보라고 하면 "선생님, 서명이 뭐예요?" "선생님, 여기 뭐 써요?" "선생님, 색칠해요?" 등등 아이들 인원수만큼 질문이 쏟아지는 상황이 벌어질 것이다. 도서관 이용 수업을 할 때는 동기유발 활동으로 도서관이나 책을 주제로 한 짧은 그림책을 읽어준다. 아이들이 활동지 쓰는 방법을 이해할 수 있도록 먼저 교사가 읽어준 책으로 아이들과 함께 등장인물과 사건을 찾아보는 활동을 해 본다.

책 읽기를 통해 변화된 늑대의 모습을 보여주는 『난 무서운 늑대라구!』를 읽어 준 후 등장인물(동물)은 누구누구인지, 늑대에게 무슨 일이 있었는지, 다른 동물들이 자신을 무시할 때 늑대의 마음은 어땠을지, 늑대가 어떻게 달라졌는지 함께 이야기를 나누어 보는 것이다. "난 무서운 늑대라구!"라며 달려들었던 늑대는 자신을 무시하는 다른 동물들이 책을 읽는 모습을 본 후 글자를 배우고 책도 읽으면서 예의 바른 늑대가 된다. 늑대가 점점 변화되는 모습과 농장에서 친구들과 평화롭게 책을 읽고 지내는 모습을 비교해 보여 주면 아이들이 늑대에게 어떤 일(사건)이 생겼는지 구체적으로 표현할 수 있게 된다.

함께 읽은 책으로 독후 표현활동을 해 봤다면 아이들이 읽고 싶은 그림책을 스스로 골라 읽은

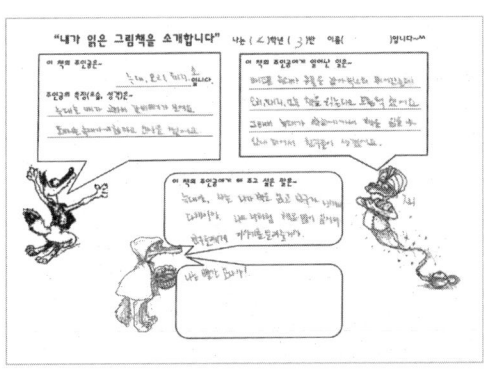
함께 해 보는 그림책 활동지

후 등장인물과 사건을 찾아 짧게 기록하는 활동도 비교적 수월하게 할 수 있다. 독후활동 첫 시간에는 먼저 문학(800)으로 분류된 그림책을 읽고 표현해 보도록 한다. 아이들에게 800번대에 있는 등장인물이 잘 드러나는 책을 찾아오라고만 하면 안 된다. 문학으로 분류되는 그림책 중에는 등장인물이나 사건이 명확하지 않은 추상적인 내용(자연, 추상적인 사물 등)의 책도 많아 아이들 스스로 고르는 데 어려움을 느낄 수 있다. 또 너무 이야기가 긴 책을 골라오면 아이들의 독서활동(읽기, 표현) 시간이 서로 달라 수업 시간을

그림책 읽고 표현하기

그림책 소개 활동지

함께 맞추기가 어려워진다. 따라서 등장인물이 쉽게 보이는지 훑어보며 고르도록 하고 10분 이내 읽을 수 있는 짧은 책을 잘 골랐는지 교사가 확인해 준 후 책 읽기를 시작하는 것이 좋다.

독후활동 두 번째 시간에는 먼저 문학이 아닌 분야로 분류된 그림책(000, 400, 500, 600)을 읽고 표현해 보는 활동을 한다. 아직 체계적인 조사 수업을 하기 전이므로 이때는 비문학 개념만 알 수 있도록 자유롭게 책을 읽는 기회를 주는 것이 좋다. 아이들 스스로 문학 외의 책을 골라왔을 때 그 책은 어느 주제 분야에 분류된 책인지, 무엇에 대해 알려주는지, 책을 읽은 후 새롭게 알게 된 사실(정보)은 무엇인지에 대해서만 간단히 기록하게 한다. 예를 들어 『고양이네 미술관』(강효미 글, 강화경 그림, 상상의집)을 골랐다면, 이 책이 십진분류의 예술(600)에 속한 책이라는 것을 확인하고 기록한 다음 읽

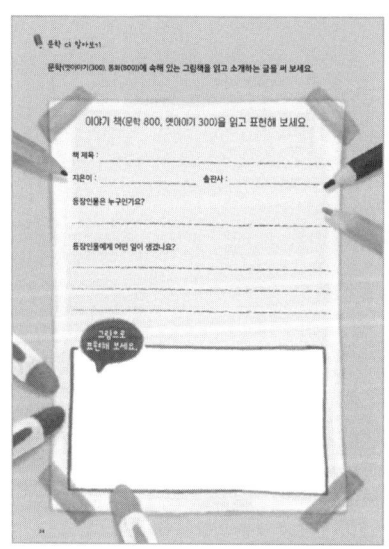
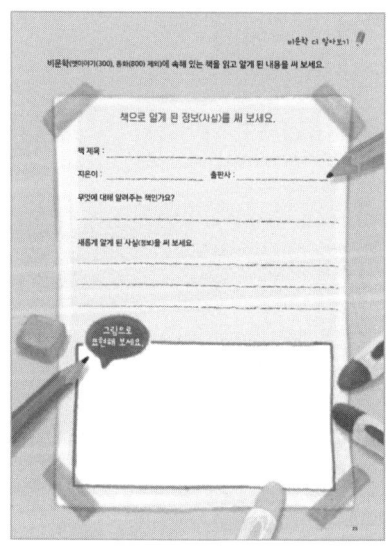

기를 시작하도록 한다. 책을 읽고 우리 문화가 담겨 있는 미술 작품을 보여 주는 책이라는 것을 알게 되었다면 새롭게 알게 된 내용을 짧게 요약해서 써 보는 활동을 한다. 저학년 아이들뿐 아니라 대부분의 아이들은 요약하는 것을 어려워하므로 요약 대신 중요하다고 생각되는 부분을 옮겨 써 보게 하는 것도 좋다. 워크북 24-25쪽

문학 그림책을 활용한 주제별 독서활동(1~2학년)

주제	그림책	책 내용	활동 내용	준비물	활동물
가을	『가을 나뭇잎』 (이숙재 글, 배지은 그림, 대교출판)	알록달록 물든 가을 나뭇잎의 예쁜 색을 부러워한 아기곰이 나뭇잎을 옷에 붙여 입는다.	알록달록 나뭇잎을 붙여 나만의 책가방 만들기	부직포 가방, 접착 펠트지, 나뭇잎 도안	
가족	『근사한 우리 가족』 (로랑 모로 글, 로그프레스)	가족과 친척을 동물로 비유하면서 가족의 성격을 표현한다.	우리 가족의 모습을 담은 가족 액자 만들기	활동지, 미니 액자, 필기구, 색칠도구	
가족2	『알사탕』 (백희나 지음, 책읽는곰)	문방구에서 산 알사탕에서 다양한 목소리가 들려오면서 가족과 주변 사람들의 소중함을 느낀다.	가족에게 듣고 싶은 말을 담아 알사탕 비누 만들기	비누 재료, 사탕 모양 편지지, 비닐포장지, 필기도구	
거울	『거울 속에 누구요?』 (조경숙 글, 윤정주 그림, 국민서관)	거울을 처음 본 마을 사람들이 거울에 비친 사람 때문에 소동을 벌이는 옛이야기	전통 거울 만들기	전통 거울, 색칠도구	
글자	『글자가 사라진다면』 (윤아해 등저, 뜨인돌어린이)	ㄱ, ㄴ, ㄷ 등이 사라져 그 이름을 가진 사물들도 사라지지 않을까 상상하면서 글자를 배운다.	그림책에서 ㄱ, ㄴ, ㄷ 등이 들어가 있는 낱말을 찾아 나만의 낱말 사전 만들기	낱말사전 활동지, 필기도구	

주제	그림책	책 내용	활동 내용	준비물	활동물
김치	『오늘은 우리 집 김장하는 날』 (채인선 글, 방정화 그림, 보리)	선미네 가족이 김장을 시작하자 그 집에 살던 생쥐네 가족도 함께 김장을 한다. 김치 만드는 과정을 배울 수 있다.	김치 만드는 과정을 담은 김장독 만들기	김치 재료 도안, 김장독모양 플라스틱통, 색칠도구	
민화	『소원을 그리는 아이』 (김평 글, 홍선주 그림, 책읽는 곰)	그림을 잘 그리는 아이가 산에서 한 여인을 만나 그림을 배운 후 소원을 담은 민화를 그린다.	민화 부채 만들기	민화도안 부채, 색칠도구	
배려	『내 우산 속으로 들어와』 (엠 크리스티나 버틀러 글, 티나 맥노튼 그림, 뜨인돌어린이)	비오는 날 우산 쓰고 놀던 꼬마 고슴도치가 비에 젖은 두더지, 물에 빠진 생쥐 등 다른 동물들을 도와준다.	투명 비닐우산에 다양한 모양의 색깔 시트지를 붙여 나만의 우산 만들기	비닐우산, 색깔 시트지, 가위	
여행	『런던은 정말 멋져!』 (로렌 차일드 지음, 국민서관)	런던으로 수학여행을 떠나는 찰리와 로라의 모습을 통해 여행에 필요한 물건을 생각해 볼 수 있다.	여행에 필요한 물건을 그려서 담은 나만의 여행 가방 만들기	펠트 가방, 여행 준비 활동지, 네임텍, 필기도구	
유니폼	『데굴데굴 축구 친구』 (필립 드 케메테 지음, 을파소)	다양한 유니폼을 입은 팀과 유니폼을 입지 않은 팀이 축구 경기를 하다가 진흙 웅덩이에서 함께 놀면서 한 팀이 된다.	나만의 유니폼을 만들어 헝겊인형에게 입혀주기	흰색 접착 펠트지, 헝겊인형, 색네임펜	
책 읽기	『책벌레 찌르찌르』 (제니퍼 번 글, 키스 벤디스 그림, 푸른숲주니어)	'책벌레'라고 놀림받던 꼬마새 찌르찌르가 태풍을 만나자 책에서 배운 지혜를 발휘해 일행을 구한다.	책 읽기의 즐거움을 준 그림책을 골라 나만의 책 만들기	스크랩북, 필기도구, 색칠도구	

주제	그림책	책 내용	활동 내용	준비물	활동물
추석	『분홍 토끼의 추석』 (김미혜 글, 박재철 그림, 비룡소)	달에서 떡방아를 찧던 토끼가 떨어뜨린 절굿공이를 찾으러 마을로 내려와 추석의 풍경을 보게 된다.	송편 모양의 비누 만들어 선물하기	비누 만들기 재료	
친구	『이제 너랑 안 놀아!』 (신경아 글, 혜경 그림, 키즈엠)	단짝 친구 보미와 하나가 싸우고 난 뒤 서로 사과하고 화해한다.	친구에게 서운하게 한 일을 사과하는 편지 쓰기	편지지, 필기도구, 색칠도구	
팽이	『황금팽이』 (허은순 글, 김이조 그림, 현암사)	황금팽이를 친구에게 빌려주기도 하면서 함께 즐겁게 팽이놀이를 한다.	친구와 함께 갖고 놀 팽이 세트 만들기	나무 팽이 1인 2개, 색네임펜	

도서관 보물지도를 만들어요

영역	도서관 / 다양한 정보원 / 분류와 청구기호 / 정보 활용	
학습 목표	도서관의 구조와 주제별 책의 위치를 알 수 있다.	
성취기준	도서관 영역	[도서관-04] 도서관의 구조를 알고 원하는 자료를 찾는다.
	교과 영역	[2바06-01] 사람들이 많이 모이는 곳에서 질서와 규칙을 지키며 생활한다.
활용 도서	『도서관에 나타난 해적』(나디아 알리 글, 제이크 테비 그림, 명혜권 옮김, 봄볕)	
수업 내용	1. 그림책『도서관에 나타난 해적』읽고 이야기 나누기 2. KDC의 대주제 정리하기 3. 도서관 보물지도 완성하기 (워크북 26쪽)	
준비물	워크북(26쪽) 필기도구. 사인펜 또는 색연필, 신호등 카드	

'보물 지도'하면 떠오르는 것은? 보물섬, 해적, 금광, 탐험…… 듣기만 해도 가슴이 두근두근하고 벌써 보물을 찾은 것처럼 미소 짓게 된다. 아이들도 그렇다. 숨겨진 보물이 무엇인지 알려주지 않았는데도, 보물 지도라는 단어만으로 얼굴이 환하게 밝아진다.

학교도서관에서 근무하며 여러 가지 행사를 진행해 보았다. 학년, 성별에 상관없이 아이들이 가장 즐거워하고 적극적으로 참여하는 행사는 '찾기' 활동이다. 서가에서 특정 단어가 들어간 책 찾기, 책 속에서 특정 단어 찾기, 도서관 구석구석을 다니며 미션 쪽지 찾기 등 다양한 찾기 활동이 가능하다. 신기한 것은 이 행사에 참여하지 못하면서도 즐거워하는 아이들이 있다는 것이다. 바로 행사를 준비하는 아이들, 즉 친구들이 찾아야 할 것들을 숨겨 놓는 아이들이다. 아이들은 보물을 찾는 것도 좋아하지만 친구들을 위해 보물을 숨기는 것도 좋아한다. 오히려 더 좋아하는 것 같기도 하다. 그래서 '보물지도 만들기' 수업을 기획하였다. 도서관 교육으로 이루어지는 이 수업의 보물은 '내가 좋아하는 책'이다. 책을 숨겨 놓는 활동은 아니다. 아이들이 스스로 학교도서관을 둘러보며 서가 배치를 확인하고 내가 좋아하는 책을 찾을 수 있는 서가를 표시하는 지도를 만드는 활동이다. 수업을 마친 후 아이들이 만든 보물 지도를 모아 보면 도서관이 엄청난 보물창고란 사실을 알 수 있을 것이다.

공포의 해적 듀이가 누구야?

"나의 모든 해적 친구들에게, 책 속에서 굉장한 보물을 찾게 될 거야!"

공포의 해적 듀이가 남긴 말로 시작하는 그림책 『도서관에 나타난 해적』을 읽어 주며 수업을 시작한다. 이 책에는 바다가 보이는 멋진 도서관이 등장한다. 도서관 사서인 베니 선생님의 책상에는 공포의 해적 듀이가 만든 십진분류 지도가 쌓여 있다. 그런데 갑자기 폭풍이 몰아치고 거센 바람이 불더니 보물 지도는 바람을 타고 멀리 날아가 버린다. 그중 한 장은 해적 제이크 선장에게로 날아간다. 제이크 선장과 해적들은 지도에 보물이 있다고 표시된 도서관을 찾아오게 되고 그곳에서 진짜 보물을 발견하게 된다. 책을 읽으며 아이들은 도서관에서 지켜야 하는 예절, 십진분류표 등을 떠올릴 수 있고 도서관에 숨겨진 보물이 무엇인지도 자연스럽게 알게 된다.

그림책 읽고 토론하기

『도서관에 나타난 해적』을 읽은 후 아이들과 짧게 토론 활동을 할 수 있다. 이 토론은 논제에 관한 의견을 깊이 있게 나누는 것이 목표가 아니다. 보물 지도 만들기를 위한 동기유발 활동이므로 나와 생각이 다른 친구의 의견을 들어보며 토론을 경험해 보는 정도로 간단히 진행한다.

2학년 아이들과 짧은 시간에 생각을 나눌 수 있는 토론 방식으로는 신호등 토론이 있다. 신호등 토론은 빨강, 노랑, 초록의 신호등 색깔을 이용하여 자신의 입장을 표현하고, 그 이유를 설명하는 것이다. 각 색깔이 의미하는 것을 토론 참석자들과 협의하여 결정할 수도 있으나, 일반적으로 초록색은 찬성, 빨간색은 반대, 노란색은 중립 또는 유보를 의미한다. 노란색을 제외하고 초록색과 빨간색만으로 진행할 수도 있다. 사회자가 논제를 제시하면 토론 참석자들은 동시에 색깔 카드를 들어 자신의 입장을 표현하고 그 이유를 설명하는 방식이다. 토론 전체 참석자의 입장을 한번에 확인할 수 있다는 장점이 있다.

토론의 논제는 '책은 보물이다'이다. 아이들에게 책이 보물이라고 생각하면 초록색 카드, 보물이 아니라고 생각하면 빨간색 카드, 보물인 것도 같고 아닌 것도 같으면 노란색 카드를 들게 한다. 카드별 인원수를 확인한 후 각 입장에 대한 이유를 들어본다. 다이아몬드나 금 같은 것만 보물이라는 아이도 있고, 책은 우리를 똑똑하게 만들어 주므로 다이아몬드나 금보다 더 좋은 보물이라는 아이도 있다. 책을 발견하면 기쁘지 않을 것 같아 보물이 아니라는 아이도 있고, 좋아하는 책을 발견하면 기쁘다는 아이도 있다. 토론은 이렇게 사람들의 다양한 생각을 들어볼 수 있어 재미있는 시간이다. 그러나 토론을 처음 하는 아이들은 그런 생각을 하지 못한다. 신호등 토론을 해 보면 나의 입장을 나타내는 카드를 들어 올리는 동시에 고개를 돌려 나와 같은 색깔 카드를 든 친구가 몇 명인지 세어 보고 같은 색깔 친구가 많으면 이겼다며 좋아하는 아이들이 있다. 토론은 생각이 같은 사람과 다른 사람끼리 서로 편을 갈라 경쟁하는 시간이 아니고, 나와 생각이 다른 사람들의 이야기에 귀 기울이는 시간임을 알려주어야 한다. 옳고 그른 생각이 있는 것이 아니라 서로 다른 생각을 하는 것이고, 자신의 생각도 얼마든지 변할 수 있다는 것을 알려준다. 그런 의미에서 토론의 마지막에 '책은 보물이다'라는 같은 논제로 다시 한번 신호등 카드를 들어보게 한다. 생각이 바뀐 아이가 있다면 왜 생각이 달라졌는지 이유를 들어보며 토론을 마무리한다.

신호등 카드 만들기

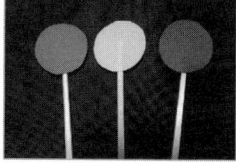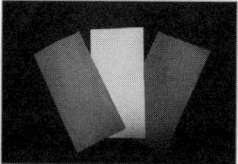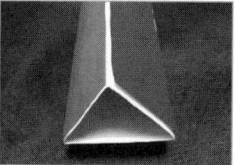

신호등 카드를 만드는 방법은 여러 가지가 있다. 나무젓가락 끝에 각각 빨간색, 초록색, 노란색 종이를 붙여 만들거나, 각 색깔의 색종이를 반으로 접은 후 코팅하여 만들 수도 있다. 입체 삼각형의 각 면에 색깔 종이를 붙여 만들 수도 있는데 이 경우에는 자신의 입장을 나타나는 색을 사회자 쪽으로 돌려주어 의견을 표시한다. 색깔 카드가 준비되지 않았다면 수신호(손바닥은 찬성, 손등은 반대, 주먹은 유보)를 정하여 진행할 수도 있다.

KDC 되돌아보기

동기유발 활동으로 그림책 읽고 짧은 토론 과정을 거친 다음 DDC(듀이십진분류법)를 만든 멜빌 듀이와 DDC를 바탕으로 만들어진 KDC(한국십진분류법)를 간단히 설명하는 시간을 갖는다.

"책이 보물이라며 보물 지도를 만든 사람이 누구였죠?"

"공포의 해적 듀이요!"

"공포의 해적 듀이가 누구인지 아는 사람?"

"해적 듀이가 진짜 있었던 사람이에요?"

아이들의 눈이 커진다. 아이들에게 멜빌 듀이의 사진을 보여 주며 간단하게 듀이를 소개한다. 그리고 DDC와 우리나라 도서관에서 사용하는 KDC의 관련성도 알려준다. KDC는 멜빌 듀이가 만든 십진분류표(DDC)의 체계를 유지하되 우리나라 실정에 맞추어 변경한 것이라고 설명하며 지난 시간에 배운 KDC 10개의 대주제를 다 함께 되짚어본다. 도서관 분류송을 함께 불러보는 것도 좋다.

> **참고자료**
>
> 멜빌 듀이(1851.12.10 ~ 1931.12.26.)
> 미국의 교육자이자 도서관학자로, 십진법 체계에 근거하여 도서를 분류하는 듀이 십진분류법을 창안했다. 이는 현재 세계에서 가장 널리 보급되고 있는 분류법이다. 1887년 세계 최초의 도서관학교를 개설하였고 미국 도서관협회 창립에 힘을 쏟는 등 도서관 기술의 개선과 공공도서관 발전에 크게 공헌하였다.

해적 듀이가 되어 직접 만들어 보는 도서관 보물지도

아이들에게 우리 학교도서관의 책 중 보물로 삼고 싶은 좋아하는 책이 있는지 물어보면 대부분 그렇다고 답한다. "그럼 우리 모두 해적 듀이가 되어 그 책을 찾을 수 있는 보물 지도를 만들어 봅시다."

만약 좋아하는 책이 없다는 아이가 있다면 책 읽기의 즐거움을 아직 모르는 아이일 확률이 높으므로 교사의 적절한 도움이 필요하다. 아이의 관심사를 물어보며 아이가 좋아할 만한 책을 추천해 주고 그 책을 함께 찾아보면서 아이가 책 읽기에도 관심을 둘 수 있도록 도와준다.

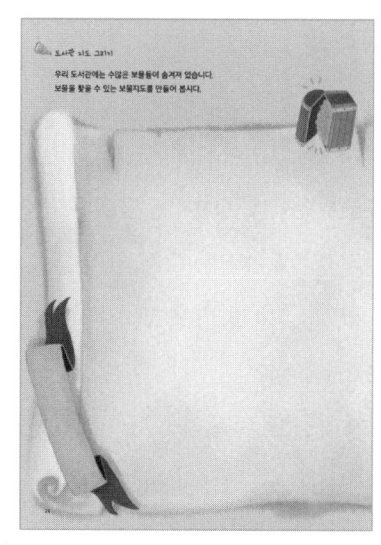

보물지도 만들기는 워크북 26쪽을 활용하거나 별도의 종이를 준비하여 진행한다. 종이를 준비할 경우 아무것도 그려지지 않은 빈 종이(A4 크기)와 간략하게 도서관 배치도를 그려 놓은 종이 두 가지를 준비한 후, 아이들에게 원하는 종이를 선택하게 한다. 빈 종이를 좋아하는 아이들도 많지만, 그림 그리기에 두려움을 느끼는 친구들은 도서관 배치도가 그려진 종이를 선택한다. 남은 수업 시간이 짧은 경우에는 처음부터 도서관 배치도가 그려진 종이를 나누어 줄 수도 있다. 워크북 26쪽

'보물지도 만들기'라고 이름 지었지만, 사실은 도서관 배치도를 직접 그리며 주제별 서가 위치를 확인하고 도서관의 구조를 살펴보는 활동이다. 단지 책을 보물이라고만 얘기할 뿐인데도 아이들은 열심히 관찰하고 지도 만들기에 열중하는 모습을 보인다.

지도는 누가 보아도 읽을 수 있어야 하므로 보물이 있는 곳을 표시하는

기호를 미리 통일하는 것이 좋다. 누구는 해골을 보물이 있는 곳을 표시하는 데 사용하고, 누구는 출입금지 표시로 사용한다면 서로 지도를 바꾸어 보물을 찾아보려 해도 할 수가 없다. 보물이 있는 곳은 특정 기호나 스티커로 표시만 할 수도 있지만 보물의 이름(책 제목 또는 주제)을 함께 적게 할 수도 있다. 보물의 이름까지 함께 적는다면 서로의 지도를 바꾸어 보물찾기 활동도 할 수 있다. 보물지도 만들기를 할 때 몇 가지 미션을 주는 것도 활동의 재미를 더한다. '동시가 있는 곳' '권장도서가 있는 곳' 등 평소 아이들이 많이 찾는 책의 위치를 표시하게 한다. 혹시 아이들이 지도 그리기를 어려워하거나 수업 시간이 부족할 때는 도서관 배치도를 나누어 준 후 보물이 있는 곳을 찾아가는 길을 표시해 보라고 할 수도 있다.

지도를 완성하면 제자리로 돌아와 자리 정돈을 하게 한다. 아이 중에는 지도를 돌돌 말아 손에 쥐고 있는 아이도 있다. 지도는 이렇게 돌돌 말아 두는 거라며 지도 묶을 끈을 찾아다니기도 한다. 아무래도 직접 만든 보물 지도이다 보니 더 소중하게 느끼는 것 같다. 심지어 완성한 보물 지도를 제출하라고 하면 절대 낼 수 없다며 항의하는 아이들도 있다. 이럴 땐 『도서관에 나타난 해적』 첫 장면을 아이들에게 보여 준다. 사서 선생님 책상 위에 쌓여 있는 보물 지도 그림을 보여 주며 오늘 만든 보물 지도가 선생님 책상 위에도 쌓여 있을 거라고 하자 아이들 모두 신이 나서 보물 지도를 제출한다. 내가 만든 지도가 누구에게 날아갈지 상상하는 아이들의 얼굴에 웃음이 가득하다.

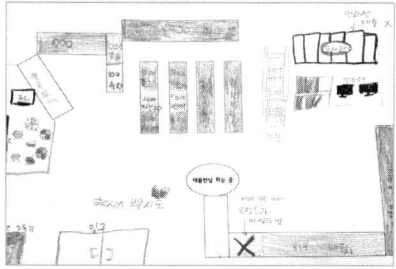

아이들이 만든 도서관 보물 지도

이런 활동도 할 수 있어요.

도서관에서 보물찾기

보물 쪽지를 뽑아 보물이 있는 곳과 거기까지 가는 방법을 지도에 표시함으로써 도서관 책의 다양한 분류 주제와 책이 있는 위치를 이해할 수 있게 돕는 활동. 배치도 뒷면은 내가 읽은 책을 소개하는 활동지로 꾸밀 수 있게 한다.

준비

- 보물 쪽지: '동물에 관한 책', '요리에 관한 책', '동시', '그림책' 등 다양한 주제를 쪽지에 적는다.
- 도서관 배치도

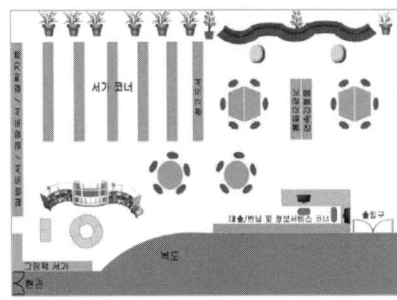

앞면

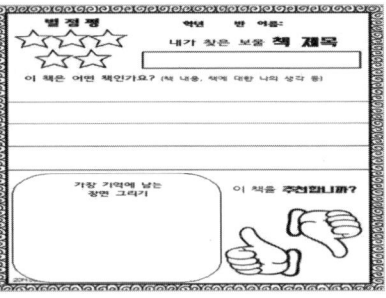

뒷면

방법

- 참가를 원하는 사람은 보물 쪽지를 한 장 뽑는다.
- 보물 쪽지에 적힌 책이 있는 곳을 찾아낸 후 도서관 배치도에 보물까지 가는 길과 보물의 위치를 표시한다.
- 도서관 배치도 뒷면에 내가 읽은 책을 소개하는 글을 써서 제출한다.

관심 있는 주제를 조사해요

영역	도서관 / 다양한 정보원 / 분류와 청구기호 / **정보 활용**	
학습 목표	• 청구기호를 활용해 필요한 자료를 찾을 수 있다. • 자료를 활용해 조사하고 조사한 내용을 다양한 방법으로 표현할 수 있다.	
성취기준	도서관 영역	[분류와 청구기호-04] 청구기호의 의미와 구조를 이해한다. [분류와 청구기호-05] 청구기호를 활용하여 필요한 자료를 찾는다. [정보 활용-01] 다양한 매체를 활용하여 관심 있는 주제에 대해 조사한다. [정보 활용-02] 조사한 내용을 다양한 방법으로 표현한다.
	교과 영역	[2국02-03] 글을 읽고 주요 내용을 확인한다. [2즐02-03] 봄에 볼 수 있는 동식물을 다양하게 표현한다. [2즐04-03] 여름에 볼 수 있는 동식물을 다양하게 표현하고 감상한다. [2즐06-04] 가을 낙엽, 열매 등을 소재로 다양하게 표현한다. [2슬05-04] 동네 사람들이 하는 일, 직업 등을 조사하여 발표한다. [2슬07-03] 내가 알고 싶은 나라를 조사하여 발표한다. [2슬07-04] 다른 나라의 노래, 춤, 놀이를 조사한다.
활용 도서	『도서관이 키운 아이』(칼라 모리스 글, 브래드 스니드 그림, 이상희 옮김, 그린북), 『한이네 동네 이야기』(강전희 글·그림, 진선아이)	

수업 내용	1. 청구기호를 알고 4단계로 조사 활동 해보기
	  - 개념정리: 청구기호 구성 원리 알기, 4단계 정보 해결 과정 알기
	  - 활동1(적용): 4단계 과정을 통해 책을 찾아 조사 활동 해 보기
	2. 교과와 연계한 주제 조사 활동하기
	  - 동기유발: 『도서관이 키운 아이』 앞부분 함께 읽기
	  - 활동1(적용): 자연과학 주제 조사 활동하기
	  - 활동2(적용): 인문과학 주제 조사 활동하기	

준비물	워크북(27-30쪽), 청구기호 소개용 책	

책의 주소를 알려주는 청구기호

십진분류의 기본적인 주제에 이어 이제 청구기호의 원리를 알아보는 단계이다. 저학년은 청구기호로 책을 찾는 일이 쉽지 않기 때문에 기

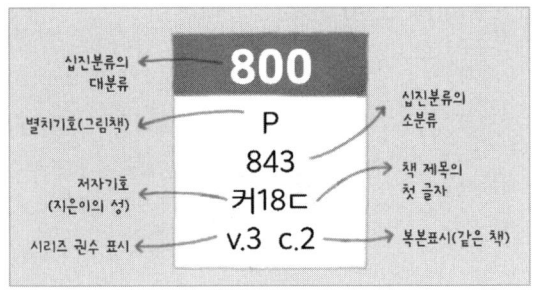

『도서관 생쥐 3』(다니엘 커크 글·그림, 문학동네) 청구기호 예시 자료

초적인 수준에서 청구기호를 이해하는 정도로 수업을 진행한다. 먼저 청구기호는 책의 주소(위치)를 나타내는 기호이고 그 기호를 알면 도서관에서 책을 빨리 찾을 수 있다는 것을 알려준다. 청구기호 라벨의 위나 아래에는 앞서 배운 십진분류 대분류 스티커가 기본적으로 오며, 청구기호는 별치기호, 분류기호, 저자기호, 권차기호(v), 복본기호(c)로 이루어져 있음을 설명한다.

십진분류 대분류 색상은 학교마다 다르게 적용하는 경우가 많으니 활동지를 흑백으로 준비하여 아이들이 직접 우리 도서관에서 사용하는 주제의 색을 칠해 보게 하는 것이 좋다. 별치기호는 도서관 내에서 그 자료가 어느 공간에 있는지 알려 주는 역할을 하는 기호이다. 별치기호의 이해를 돕기 위해 앞서 그려 본 도서관 지도를 함께 보며 기호로 표시해 본다. 소분류를 알려 줄 때는 자료가 문학인 경우 소분류의 8*3에서 '*'은 작가가 어느 나라 사람인지를 알 수 있게 해 준다는 것만 알려 주고 자세한 것은 3학년 때 배운다고 안내한다. 저자기호는 저자의 성(姓)이며, 외국 작가의 경우 이름 다음에 성이 나온다는 설명도 덧붙인다. 시리즈 권차와 복본 표시를 정확히

알려 주는 것도 중요하다. 시리즈를 빌려 갈 때 권차기호로 쓰여 있는 로마자 표기법에 익숙하지 않아 시리즈 순서대로 빌려 가는 데 어려움을 겪기도 하고 청구기호의 복본 표시를 권차기호로 착각해 같은 책 두 권을 찾아오는 경우도 있기 때문이다.

청구기호에 대해 이해가 되었다면 아이들에게 책 한 권씩 자유롭게 골라 오도록 해 보자. 청구기호를 확인하면서 복잡한 것을 골라 오는 아이들도 있고 아무거나 집어 오는 아이들도 있을 것이다. 대분류만 배운 저학년 아이들에게는 분류번호가 길게 표시된 책이 어려우니 분류번호가 세 개의 숫자로만 표시된 책을 골라 오라고 한다.

활동지에 먼저 책등의 청구기호를 그대로 베껴 쓴 다음 각자 예상한 책의 주제를 써 보게 한다. 훑어 읽기를

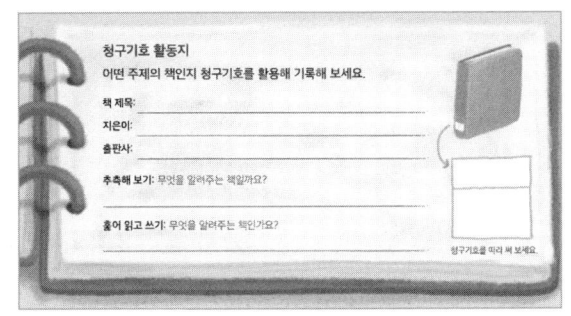

한 후 제대로 알게 된 책의 주제를 간단히 쓰고 예상한 주제와 비교하면서 청구기호를 잘 이해했는지 점검해 보도록 한다. 워크북 27쪽

청구기호 활동지를 다 작성했다면 이번에는 다른 아이들이 그 책의 청구기호를 맞히는 활동을 할 수 있다. 소분류나 저자기호의 숫자 부분은 저학년에게 어렵기 때문에 칠판에 □13 □17□ 등으로 적고 책 제목과 지은이를 알려 준 다음 빈칸을 채우는 형식으로 맞혀 보게 한다. 동화책, 식물을 알려 주는 책 등 십진분류번호를 떠올릴 수 있는 힌트를 주어도 좋다. 반

대 방법으로 자신이 가져온 책의 청구기호를 먼저 보여 주고 다른 아이들이 그 책의 주제나 지은이, 제목을 추측해 보는 방식의 게임도 가능하다. 처음엔 어렵고 복잡하게만 느껴지는 청구기호도 게임을 반복하다 보면 쉽고 재미있게 익힐 수 있다.

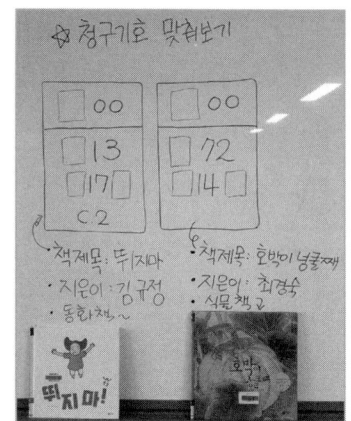

4단계로 조사 활동해 보기

   책으로 조사하는 방법을 본격적으로 배우는 수업이다. 2학년 교육과정의 통합교과서에는 가을 열매 조사, 이웃의 직업 알아보기, 다른 나라의 문화 알아보기 등 조사 탐구를 할 수 있는 내용이 많이 포함되어 있다. 도서관에서 수업을 하면서 함께 조사하는 활동을 하면 좋겠지만 담임 선생님이 과제로 내어 주는 경우도 많기 때문에 2학년 아이들도 조사하는 방법을 체계적으로 배울 필요가 있다.

   도서관 활용 수업에서는 체계적인 조사 활동을 위해 정보 문제를 해결하는 단계를 6단계로 구성한 Big6 모델을 많이 사용하고 있으나 저학년 학생들에게는 적용하기 어려워 3단계로 단순화된 Super3 모델을 활용하기도 한다. Super3는 계획하기^{Plan} – 실행하기^{Do} – 되돌아보기^{Review}로 이루어진다.

Big6 단계별 활동

1단계	문제 정의하기 (Task Definition)	해결할 문제를 정의하고 필요한 정보를 확인하기
2단계	정보 탐색 전략 수립 (Information Seeking Strategies)	모든 가능한 정보원을 검토하여 최적의 정보원을 선정하기
3단계	정보원 위치 파악 및 접근 (Location & Access)	정보원의 위치를 파악하고 정보원으로부터 정보 찾기
4단계	정보 활용 (Use of Information)	정보원을 읽고 보고 들으며 적절한 정보를 가려내기
5단계	정보 종합(Synthesis)	가려낸 정보들을 체계적으로 정리하고 최종 결과물 만들기
6단계	평가하기(Evaluation)	올바른 과정을 수행했는지 효율성을 평가하고 결과물의 유효성을 평가하기

Super3 단계별 활동

1단계	계획하기(Plan)	선생님이 부여한 과제를 확인하며, 무엇을 조사할 것인지 조사한 것을 어떻게 정리하고 표현할 것인지 결정하기
2단계	실행하기(Do)	읽고 보고 들으며 알게 된 것을 정리, 새롭게 표현하기
3단계	되돌아보기(Review)	내가 계획한 일을 다 했는지, 내가 완성한 결과물에 만족하는지 조사 과정과 결과 되돌아보기

2학년 수업에서는 계획하기^{Plan}와 실행하기^{Do}를 중심으로 4단계의 정보 해결 과정으로 바꾸어 조사 활동 수업을 실천해 보고자 한다. 간단하게 '주제 알기-자료 선정 및 찾기-정보 찾기-정리하기' 과정으로 진행하는 것으로, Super3의 실행하기 단계를 자료 선정, 조사, 정리하는 과정으로 세분화

한 것이다. 저학년은 실행 단계에서 사서교사가 계속 피드백을 주기 때문에 되돌아보기^{Review} 과정은 생략하였다.

2학년을 위한 4단계 조사 활동

1단계	주제 알기	조사하는 주제가 무엇인지 안다.
2단계	자료 선정 및 찾기	조사에 필요한 책을 찾는다.
3단계	정보 찾기	책을 읽고 조사할 정보를 찾아낸다.
4단계	정리하기	찾은 정보를 정리한다.

1단계는 '주제 알기'로, 내가 조사하고자 하는 주제가 무엇인지 아는 것이다. Super3의 계획하기^{Plan} 단계에 해당한다. 자신이 무엇을 조사해야 하는지 제대로 인식하지 못하면 책을 찾는 데에도 어려움이 있다. 이것은 고학년의 경우에도 마찬가지다. 제대로 검색어를 선정하지 못해 책을 찾아 도서관을 방황하는 아이들을 많이 보아왔을 것이다. 따라서 조사 연습을 할 때는 먼저 아이들이 스스로 주제를 정하게 하는 것보다는 함께 무엇을 조사하고 싶은지 의견을 들어보는 것이 좋다. 의견으로 나온 주제 중 가장 조사하고 싶은 주제를 함께 고른 후 그 주제의 책을 찾으려면 어떤 단어를 검색어로 선정해야 할지 제대로 인식하도록 훈련하고 활동지에 주제 단어를 기록해 보도록 한다. 나중에 책을 찾을 때 한곳으로 몰리게 되면 책을 빨리 찾기 어려우니 모둠별로 다른 주제를 선택하는 것이 좋다.

2단계는 '자료 선정 및 찾기'로, 자신에게 필요한 책을 찾는 과정이다. 도서관에 활용할 컴퓨터가 많다면 1단계에서 선정한 검색어를 입력해 컴퓨터로 검색하게 할 수도 있지만 검색에 익숙하지 않은 저학년에게는 책을 찾는 기본 방법을 알려준다. 조사할 주제의 십진분류를 알려주고 도서관의 서가나 벽면에 비치된 십진분류표와 위치 안내도를 활용하도록 안내하는 것이다. 조사에 필요한 책을 찾는 것이 가장 중요하기 때문에 교사는 아이들이 책을 잘 찾고 있는지 살피면서 도움을 주어야 한다. 차례나 찾아보기도 활용하고 훑어 읽기를 통해 조사에 필요한 책을 제대로 골라 올 수 있도록 해야 한다.

3단계는 '정보 찾기'로, 책을 읽고 조사할 정보를 찾아내는 것이다. 조사하는 수업은 책을 처음부터 꼼꼼히 읽어 나가는 것이 아니라 차례나 찾아보기를 살펴보고 내가 찾고자 하는 정보가 어느 페이지에 있는지 먼저 확인한 다음 그 부분을 중점적으로 자세히 읽도록 지도한다. 책을 제대로 찾은 후에도 자신이 무엇을 읽어야 할지 모르는 아이들도 있으니 아이들을 한 명 한 명 살펴보면서 도와주어야 한다.

4단계는 '정리하기'로, 찾은 정보를 정리하는 활동이다. 책을 잘 찾아오고 내용을 잘 읽었더라도 막상 요약해 보라고 하면 또다시 연필 든 아이들의 손이 방황하기 시작한다. 비문학 활동지에서도 말했듯이 요약하기 힘들어하는 아이들에게는 중요한 내용이라고 생각하는 문장을 베껴 써 보게 하는 것도 좋다. 베껴 쓰는 것도 제대로 못 하는 아이들이 있으니 다 쓴 후에는 소리 내어 읽어 보며 잘못 쓴 부분을 고칠 수 있도록 한다. 짧은 조사 활동 시간에 책을 처음부터 끝까지 정독하는 아이들도 있으니 필요한 부분만 골라 읽을 수 있도록 지도한다.

활동지 쓰기가 끝난 후에는 간단한 퀴즈로 마무리 활동을 한다. 각자 조사한 내용으로 퀴즈를 내어 맞히기 놀이를 하면 조사 내용을 한 번 더 정

리할 수 있고 다른 친구들이 알게 된 내용도 확인할 수 있어 도움이 된다. 워크북 27쪽

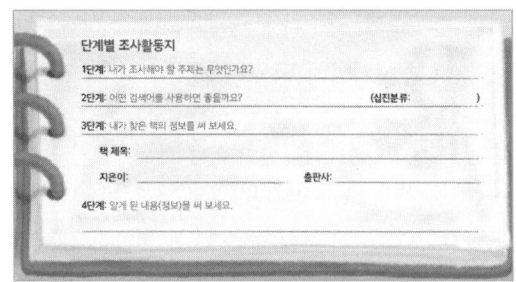

교과 연계 조사 활동 [자연과학]

2학년 통합 교과서(봄, 여름, 가을, 겨울)에서는 도서관을 활용해 조사하는 수업을 할 수 있는 단원이 종종 나온다. 그중 자연과학 주제로 도서관 활용 수업을 진행하려면 저학년용 도감을 활용해 쉽게 조사 활동을 할 수 있다.

2학년 통합 교과 자연과학 주제 조사 활동 수업 단원

교과	단원	조사 활동 내용
봄	2-1-2 봄이 오면	봄철 생활 모습 조사하기(봄꽃 심기) - 봄에 볼 수 있는 꽃 조사
여름	2-1-2 초록이의 여름 여행	나뭇잎 살펴보기, 특징 말하기 - 여름철 볼 수 있는 나뭇잎 종류, 특징 조사
가을	2-2-2 가을아 어디 있니	가을 열매 알아보기(가을 열매 관찰) - 가을에 열리는 열매 조사하기
겨울	2-2-2 겨울탐정대의 친구 찾기	겨울눈에 대해 알아보기(보호 방법 알기) - 겨울눈의 종류 조사하고 보호 방법 알기

아이들과 자연과학 분야 조사 활동을 하기 전 동기유발 활동으로 그림책 『도서관이 키운 아이』의 앞부분을 함께 읽어 본다. 어린 시절부터 도서

관에서 책 읽기를 좋아하던 주인공 멜빈이 1학년 때 온갖 곤충을 직접 유리 병에 담아 와서 곤충에 관한 정보를 도서관에서 찾아보는 부분이다. 멜빈의 이야기를 보면서 곤충의 생김새를 알지만 이름을 모를 땐 그림이나 사진이 자세하게 나와 있는 곤충도감이나 동물도감을 활용하면 된다는 것을 자연스럽게 알게 된다. 2학년이 된 멜빈은 연극에서 가지 역할을 하기 위해 도서관에서 연습한다. 가지 역할을 위해 가지 모양 옷을 만들거나 가지의 특징을 조사하려면 자연과학의 식물 주제에서 책을 찾을 수 있다는 것을 알려 줄 수 있다.

또한 멜빈이 뱀을 키우고 싶어서 뱀에 관한 책이 어디 있는지 사서선생님에게 물어보는 장면에서는 조사할 때 문학과 비문학을 구분해야 함을 알

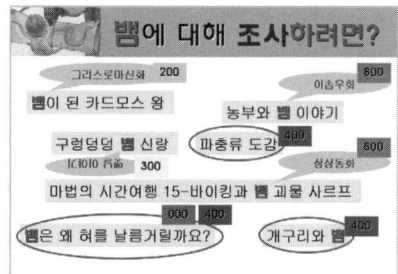

려줄 수도 있다. '뱀'을 조사할 수 있는 주제를 먼저 알려 주고 '뱀'이라는 단어로 책을 검색했을 때 학교도서관에서 검색되는 책들의 제목을 열거한 후 어느 책으로 '뱀'에 대해 조사할 수 있을지 함께 골라 본다.

조사 수업을 진행하려면 우선 조사할 주제의 책들이 도서관에 있는지 검색해 보고 교사가 직접 훑어보면서 적절한 책인지, 저학년 수준에 맞는 책인지 확인한다. 그리고 한 반이 함께 수업할 만큼의 책을 준비해 놓도록 한다. 2학년 학생들과 조사 수업을 할 때는 두 명당 한 권의 책으로 조사하는 것을 권장한다. 혼자 책에서 정보를 찾아내는 것보다 짝과 함께 의논해서 찾으면 더 빨리 찾아내고, 어떤 내용을 써야 할지 교사가 안내하기에도 용이하다.

아이들에게 조사할 책을 나누어 주기 전에 단계별 조사 활동 1~4단계에 대해 예시가 포함된 PPT 자료로 자세하게 설명해 주도록 한다. 책을 먼저 나누어 주면 책을 보느라 산만해져서 교사의  말에 귀를 기울이지 않기 때문이다. 조사 활동 전 단계별로 어떻게 해야 하는지 설명한 후 아이들이 조사하고 있을 때 진행 시간에 맞춰 조사 방법이 담긴 PPT 자료를 단계별로 보여준다.

1단계는 아이들이 무엇을 조사해야 하는지 먼저 인식하게 한다. 자신이 봄꽃을 조사해야 하는지 어느 계절의 열매, 과일을 조사해야 하는지 정확하게 알고 조사를 시작하도록 해야 한다. 계절별 식물을 조사하는 것이기 때문에 꽃 피는 시기, 열매 맺는 시기 등이 언제인지 칠판에 적어 주는 것도 중요하다. 조사하다 보면 가을 열매인데 열매나 과일이 6월, 7월에 열린다고 적혀 있는 책들도 있기 때문이다. 그래서 도감이나 백과사전 등을 활용할 때 교사가 먼저 책을 찾아보고 정확하지 않은 내용은 미리 걸러 낼 필요가 있다. 책을 찾기 전 활동지를 먼저 나누어 주고 활동지에 무엇을 기록해야 하는지 미리 설명해 주도록 한다. '특징'을 쓰라고 하면 특징이 무엇인지 계속 질문하기 때문에 구체적으로 쓸 수 있도록 꽃 피는 시기, 꽃 색깔, 꽃 모양, 중요하다고 생각하는 점 등을 활동지나 칠판에 구체적으로 기록해 주는 것도 좋다.

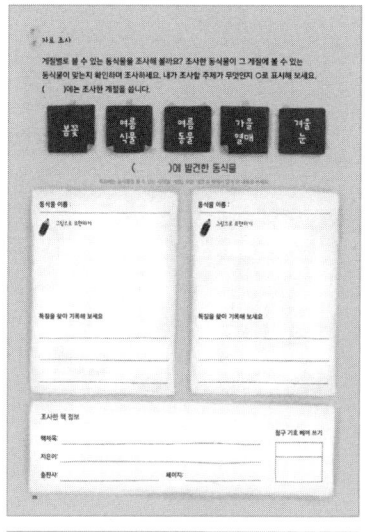

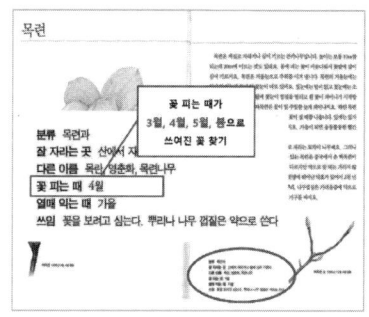

  2단계에서는 책을 스스로 찾아오게 하면 좋지만 그만큼 책을 읽을 시간이 줄어들기 때문에 교사가 미리 책을 준비해서 따로 관리해 주는 것이 더 효율적이다. 같은 도감으로 조사를 한다면 모둠별로 참고도서 코너에서 가져가도록 하고 도감이 아닌 단행본도 함께 꽂아 두어 아이들이 직접 가져갈 수 있도록 안내한다. 도감만 가지고 활용하라고 하면 특이한 식물을 찾으려는 아이들은 찾고 싶은 식물이 없다며 집중하지 않을 때가 많으니 다양한 식물이 나오는 단행본도 준비해 두는 것이 좋다. 찾고 싶은 식물을 정하지 못하는 아이들에게는 학교 주변에서 볼 수 있는 식물이나 흥미를 느낄 만한 식물을 예시로 들어 주어도 좋다. 봄꽃을 조사한다면 우리 학교 주변에 개나리꽃, 벚꽃, 목련꽃이 피는데 그 꽃들은 봄에 볼 수 있으니 책으로 조사해 보고 점심시간이나 하교할 때 관찰해 보라고 안내해 주는 것이다. 그 꽃을 본 적이 있는 아이들은 공감하면서 더 적극적으로 조사하는 모습을 보인다. 가을 열매를 조사할 때는 우리가 알고 있는 도토리가 열리는 나무는 도토리나무가 아니라 졸참나무, 갈참나무, 굴참나무, 상수리나무 등 다양하고 도토리 모양도 다르니 책으로 찾아보라고 하면 호기심을 가지고 찾는다.

3단계에서는 아이들이 책을 제대로 읽고 있는지 살펴봐야 한다. 찾고자 하는 계절의 식물을 정확히 찾아 읽고 있는지 확인해 보는 것이다. 봄에 피는 꽃을 보고 있는지 가을에 열리는 열매를 제대로 찾았는지 한 명씩 잘 관찰하면서 동일한 시간대에 모든 아이들이 조사 활

동을 잘 진행할 수 있도록 도와주어야 한다. 짝과 함께 조사하는 과정에서 읽는 속도나 조사하고 싶은 식물이 달라 부딪치는 아이들은 없는지 살펴보고 필요하면 교사가 중재를 하거나 읽는 속도가 빠른 아이에게 따로 추가 자료를 주는 식의 적절한 개입도 필요하다.

4단계에서는 아이들이 찾은 내용을 활동지에 잘 옮겨 쓰고 있는지 살펴

봐야 한다. 아이들마다 글로 표현하는 속도가 다르고 그림 그리기를 어려워하는 아이들도 있기 때문에 그림보다는 글로 먼저 표현하도록 하고 글쓰기가 끝나면 그림을 그리도록 안내한다. 그림 그

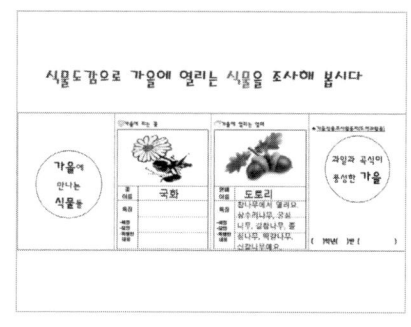

리기를 너무 어려워한다면 미술 수업이 아니니 꼭 잘 그릴 필요 없다고 격려하며 그리기를 강요하지 않도록 한다. 활동지를 빨리 끝낸 아이들이 있으면 조사를 제대로 하고 썼는지 확인해 보고 조사가 늦어지는 친구들을 도와줄 수 있도록 하는 것도 좋다. 워크북 28쪽

관련도서

『봄·여름·가을·겨울 식물도감』(윤주복 지음, 진선아이)

『내가 좋아하는 꽃』(남연정 글, 이재은 그림, 호박꽃)

『내가 좋아하는 풀꽃』(이영득 글, 박신영 그림, 호박꽃)

『내가 좋아하는 곡식』(이성실 글, 김시영 그림, 호박꽃)

『내가 좋아하는 과일』(박선미 글, 손경희 그림, 호박꽃)

『내가 좋아하는 채소』(남연정 글, 이재은 그림, 호박꽃)

『내가 좋아하는 식물원』(이성실 글, 전보라 그림, 호박꽃)

『겨울눈 도감』(이광만, 소경자 지음, 나무와문화)

『겨울눈아 봄꽃들아』(이제호 글·그림, 한림출판사)

교과 연계 조사 활동 [인문과학]

2학년 통합 교과서와 연계해 인문과학 분야의 책으로 조사할 수 있는 수업의 주제는 2학기 교과서에서 다루는 직업(가을)과 세계 문화(겨울)이다. 직업과 세계 문화를 다룬 도감이나 백과사전이 많지 않기 때문에 인문과학 주제는 단행본을 활용하는 경우가 많다. 따라서 교사는 저학년이 읽기에 알맞고 내용이 잘 설명된 책이 도서관에 있는지 미리 검색하여 살펴보고 필요하면 1학기에 미리 구입해 두도록 한다.

2학년 통합 교과 인문과학 주제 조사 활동 수업 단원

교과	단원	조사 활동 내용
가을	2-2-1 동네 한바퀴	동네 사람들이 하는 일 조사하기 - 사람들의 다양한 직업 조사하기
겨울	2-2-1 두근두근 세계 여행	내가 알고 싶은 나라 조사하여 발표하기 - 다른 나라의 다양한 문화 조사하기

직업에 대한 수업의 동기유발 활동으로 추천하는 그림책은 『한이네 동네 이야기』이다. 동네의 다양한 가게 정경과 함께 우편배달을 하는 아저씨 등 주변에서 흔히 보게 되는 동네 사람들이 나오고 그들이 어떤 일을 하고 있는지도 살펴볼 수 있다. 아이들이 실제 자신의 동네 사람들이 하는 일을 조사하기 어려운 상황이라면 책 속 동네 사람들의 직업을 조사해 볼 수도 있다.

직업에 대한 책은 스토리텔링 형식으로 된 경우가 많은데 이런 형식의 책은 조사 활동에는 적합하지 않다. 내용 요약을 어려워하는 아이들이 이

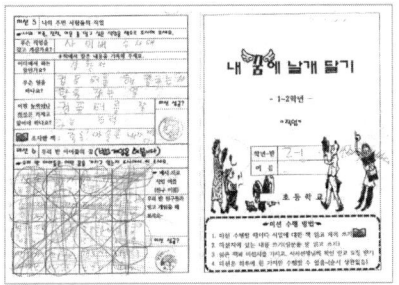
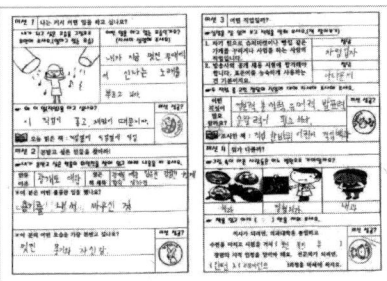

야기 형식의 글을 읽고 직업의 특징을 찾아내기란 쉬운 일이 아니기 때문이다. 스토리텔링 형식의 책이라도 뒷부분에 요약된 설명이 있으면 조사할 때는 요약 설명이 나와 있는 부분만 읽도록 안내한다. 일반적이지 않은 직업을 조사하고자 하는 아이들도 있기 때문에 미리 가족이나 주변 친구들의 가족이 어떤 일을 하는지 알아보고 오게 하여 관련된 책이 있는지 미리 검색해 준비해 놓는 것이 좋다. 독서주간에 저학년 아이들과 함께 직업 조사하기 활동 프로그램을 운영한 적이 있는데 저학년을 위한 직업 책은 다양하지 않고 이미 나온 책도 절판된 경우가 많아 어려움이 있었다.

「겨울」 교과의 '내가 알고 싶은 나라 조사하여 발표하기'를 배울 때면 담임교사가 학급에서 활용할 수 있는 관련 책을 문의하거나 아이들에게 과제로 조사해 오도록 하는 경우가 많다. 세계 여러 나라의 문화를 조사하는 활동은 직업을 조사하는 것보다 준비가 많이 필요하다. 고학년용으로 출간된 세계 지리나 문화를 주제로 한 책은 많은데 저학년이 간단하게 조사 활동을 할 수 있는 책은 많지 않아 책을 준비하는 것부터 쉽지 않다. 또한 책 한 권만 가지고는 조사 활동을 하기 어려워 여러 가지 책을 활용해야 하는 경우가 많아 저학년들이 혼자 조사하기에 어려움을 겪지만 그럼에도 이 주제는 도서관 활용 수업으로 적극 추천한다.

다양한 자료를 통해 조사 활동을 해야 할 때는 조사 활동지를 구체적으로 만들기가 쉽지 않다. 그 나라의 인사말, 전통의상, 놀이 등 책마다 소개하는 문화의 요소들이 다르기 때문이다. 그렇다고 자유롭게 표현하도록 활동지를 간단하게 만들면 아이들이 무엇을 표현해야 할지 어려워해서 조사 활동이 쉽지 않다. 활동지를 만들기 전 도서관에 어떤 책들을 활용할 수 있는지 먼저 확인해 보고 아이들이 한 나라의 다양한 문화를 조사하게 할 것인지, 특정 주제에 대해 다양한 나라를 조사하게 할 것인지를 결정해야 한다. 예를 들면 미국을 선택해 미국의 국기, 미국의 인사말, 미국의 전통의상, 미국의 음식문화를 조사할 수도 있고 인사말을 선택해 미국의 인사말, 프랑스의 인사말, 독일의 인사말을 각각 조사할 수도 있다. 전자를 택한다면 아이들은 한 권의 책으로 조사 활동을 할 수 있지만 고른 책에 다양한 문화가 소개되어 있지 않으면 조사하기 어려울 수도 있다. 후자를 선택한다면 아이들은 여러 권의 책을 찾아 그 주제가 있는지 확인하면서 조사 활동을 해야 한다는 어려움이 있다. 따라서 1학기에 저학년의 수준에 맞는 책을 다양하게 검색해서 확인해 보고 준비하는 과정이 필요하다. 세계 음식, 국기, 놀이 등 주제별 백과사전이나 도감을 다양하게 구비할 수 있다면 모둠별로 주제에 맞는 책을 나누어 주고 같이 돌려 보면서 조사하는 방법을 선택할 수도 있다.

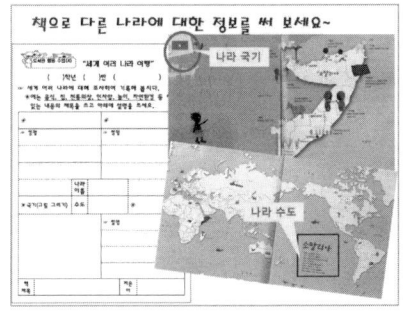 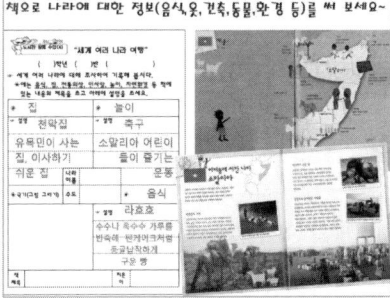

　　세계 문화를 비슷한 서술 형식으로 소개하는 저학년 수준의 전집이나 시리즈물이 있다면 함께 활용하기가 좋다. 교사가 전집 중 한 권을 가지고 조사하는 방법을 먼저 시연해 주면 아이들이 따라 읽으면서 조사하기가 용이하다. 대개 전집은 여러 나라들을 각 권으로 나누어 다루고 있어 아이들이 각각 한 나라를 선택할 수 있고, 서술 형식이 비슷하기 때문에 국기는 어느 페이지를 살펴보면 되는지, 그 나라에 대한 자세한 설명은 어느 부분을 읽어 보면 되는지 교사가 함께 훑어보면서 설명할 수 있다. 워크북 29쪽

관련도서

『다 같이 돌자 직업 한 바퀴』(이명랑 글, 조경규 그림, 주니어김영사)

『한 권으로 보는 그림 직업 백과』(유수정·조은주 글, 마정원 그림, 진선아이)

『서로 달라 재미있어!』(조지욱 글, 정현지 그림, 토토북)

『세계 다글리(꼬마 다글리) 전집』(아람편집부 편, 아람)

『세계 나라 사전』(테즈카 아케미 글·그림, 사계절)

『세계와 만나는 그림책』(무라타 히로코 글, 테즈카 아케미 그림, 사계절)

『구석구석 세계 국기 백과』(수전 메레디스 글, 이안 맥리 그림, 어스본코리아)

『다른 나라 아이들은 무슨 놀이를 할까?』(니콜라 베르거 지음, 초록개구리)

개별 조사 활동 [자율 주제]

교과와 관련해서 정해진 주제로 조사하는 수업을 진행했다면 아이들이 알고 싶은 주제를 직접 정해서 조사하는 활동도 실천할 수 있다. 스스로 주제를 정하라고 하면 쉽게 고르는 아이들보다 고민하느라 시간을 보내는 아이들이 더 많다. 평소 '공룡' '종이접기' '요리' 등 다양한 책을 접한 아이들은 쉽게 자신의 관심 분야에 대한 책을 고르지만 도서관에서 책을 자주 읽지 않은 아이들은 관심 분야나 다양한 주제를 파악하기 어려워한다. 이때는 교사가 아이들이 흥미를 느낄 만한 주제를 여러 가지 제시해 주어 고민하는 시간을 줄여 줄 필요가 있다.

다른 방법으로는 교육과정에서 제시하고 있는 범교과 주제로 조사해 보게 하는 것이다. 교육과정에서는 범교과 주제로 교과와 창의적 체험활동 등 통합적으로 다루도록 하고 지역사회나 가정과 연계해 지도하도록 하지만 실제 수업 시간에 활용하지 않는 경우가 많으니 통합 수업이 가능한 도서관 활용 수업에서 다루는 것도 좋

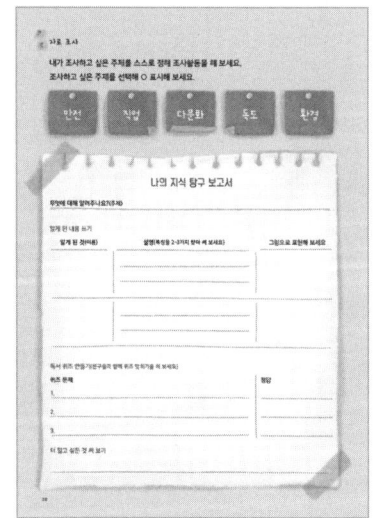

다. 범교과 주제로는 안전·건강, 민주시민·청렴, 인성, 진로, 인권, 다문화, 통일, 독도, 경제·금융, 환경·지속가능발전 교육이 있는데 이 중 저학년이 조사하기 쉬운 주제를 예시로 주어 아이들이 선택할 수 있도록 한다. 수업 시간이 충분하지 않다면 도서관 활용 수업 때 범교과 주제로 조사하도록 안내해 주고 관련 책을 찾는 방법까지 지도해 준 다음 점심시간이나 방과 후 모둠별로 도서관에 와서 사서교사의 도움을 받으며 조사하게 할 수도 있다. 아이들은 인터넷을 통해 알고 싶은 내용을 쉽게 찾아내는 방법을 좋아하겠지만 초등학생 아이들은 수많은 정보 속에서 검증되고 유효한 정보를 가려내기 어렵기 때문에 책으로 조사하는 활동을 권장한다. 전문가가 서술한 책으로 주제 조사 활동을 꾸준히 하면 교과 학습에도 도움이 되고 도서관에 다양한 주제의 자료가 있음을 알고 스스로 조사 탐구 활동을 하면서 도서관을 잘 활용할 수 있을 것이다. **워크북 30쪽**

4장

도서관 교육
Q&A

사서교사가 되어 첫 발령을 받고 수업 계획을 세우려 하면 난감할 때가 많다. 신규 초등교사는 학교 내에 수업 준비나 학급 운영, 담당 업무에 대해 조언해 줄 선배 교사가 있지만 사서교사는 업무의 특수성 때문에 학교 내에서 도서관 수업 경험이 있는 선배 교사 만나기가 쉽지 않다. 특히 수업이 정규 과목으로 정해져 있지 않아 학교에 따라서 수업 차시도 다르고 정해진 교과서가 없다 보니 어떤 내용으로 수업해야 할지 막막하고 고민될 것이다. 현장에서 사서교사 1~2년 차 선생님들이 자주 하는 질문을 골라 선배 사서교사로서 도서관 교육에 대해 나눌 수 있는 경험을 모아 보았다.

도서관 이용 교육을 시작할 때 동기유발을 위한 활동으로 어떤 것이 있을까요?

수업을 계획할 때면 늘 어떻게 시작할까가 가장 큰 고민입니다. 그동안 했던 수업에서 가장 쉽고 효과적인 동기유발 활동은 그림책 읽어 주기였습니다. 도서관이나 독서와 관련한 그림책을 읽어 주며 수업을 시작하면 아이들의 관심을 끌고 수업 내용과 연결하기에도 좋습니다. 다음은 도서관 이용 교육을 시작하면서 주로 읽어 준 그림책들입니다.

- 『**도서관에 간 사자**』 미셸 누드슨 글, 케빈 호크스 그림, 홍연미 옮김, 웅진주니어 : 도서관에서 조용히 해야 하는 상황 예시
- 『**도서관**』 사라 스튜어트 글, 데이비드 스몰 그림, 시공주니어 : 다 함께 책을 공유할 수 있는 도서관의 개념 설명
- 『**그래, 책이야**』 레인 스미스 지음, 문학동네 : 디지털 기기와 책 비교, 도서관엔 책이 많으니

한 권으로 싸울 필요 없다는 것을 알려줌
- 『책 도둑 토끼』 에밀리 맥켄지 지음, 주니어김영사 : 독서 후 나만의 책 목록 작성, 도서관의 책은 훔치지 않아도 누구나 읽을 수 있음을 알려줌
- 『책벌레 찌르찌르』 제니퍼 번 글, 키스 벤디스 그림, 푸른숲주니어 : 독서를 통한 간접 경험의 중요성
- 『난 무서운 늑대라구!』 베키 블룸 글, 파스칼 비에 그림, 고슴도치 : 독서 경험의 과정, 독서 후 달라진 모습(예절)

    고학년의 경우 수업 내용과 관련된 시각자료나 영상자료를 보여 주는 것도 좋습니다. 전 세계의 아름답고 특별한 도서관의 모습을 보여 주거나 독서의 중요성을 알려 주는 다큐멘터리 또는 도서관을 배경으로 하는 예능 프로그램을 활용할 수 있습니다. 영상의 주요 장면을 편집하여 보여 주거나 몇 장면을 캡처한 사진을 보여 주며 시작할 수도 있고요. 예전에 TV 예능 프로그램 「무한도전」에서 정해진 시간 내에 암호를 해독하는 미션을 다룬 적이 있었는데요, 이때 암호로 제시된 것이 청구기호였고 암호를 해독하기 위해 찾아간 곳이 국회도서관이었습니다. 청구기호를 알려 주는 수업을 하기 전에 이 영상을 보여 주면 아이들이 매우 집중하는 모습을 보입니다. 익숙한 예능 프로그램의 등장에 많은 관심을 보였고 그 관심이 자연스럽게 수업으로 이어졌습니다. 다큐멘터리 또한 평소 생각하지 못했던 자신의 독서 생활을 되돌아보는 계기를 제공하고 왜 독서를 해야 하는지 스스로 깨닫게 해 주어 도서관 수업의 필요성을 느끼게 해 줍니다.

    지난 시간에 배운 내용을 복습하는 퀴즈로 수업을 시작할 수도 있습니

다. 퀴즈 정답자에게 상품을 주면 다음 시간에도 퀴즈를 할 거냐고 물어보는 아이들이 생깁니다. 다음 시간에도 복습 퀴즈 시간이 있다고 예고하면 아이들 눈빛과 집중도가 달라지는 것을 볼 수 있습니다.

더 많은 동기유발 활동 아이디어를 얻을 수 있는 책으로 허승환 선생님의 『수업 시작 5분을 잡아라』(테크빌교육, 2010)를 권합니다. 학교 현장에서 수업 일기를 쓰며 효과적인 동기유발을 고민해온 저자의 노하우가 담겨 있습니다.

도서관 이용 교육 후, 아이들이 책에 흥미를 갖고 독서를 지속하게 도와줄 방법이 있을까요?

도서관 교육에서 아이들의 독서 흥미를 유발하려면 마지막 수업 시간을 활용하는 것이 효과적입니다. 마지막 시간에 도서관을 이용하면서 쓸 수 있는 독서 쿠폰을 나누어 주세요. 독서 쿠폰에는 도서관 이용 방법과 도서관에서 대출하여 읽은 책 목록을 기록하게 합니다. 대출하거나 반납할 때 도장도 찍어 주고 쿠폰을 다 모은 아이들에게 상품도 주면 아이들이 좋아합니다. 마지막 시간에 읽기 미션을 주는 방법도 있습니다. 미션 카드에 학년 수준

에 맞는, 아이들이 쉽고 재미있게 읽을 수 있는 책을 한 권씩 소개하고 '책 속 주인공 소개하기', '가장 마음에 드는 인물 소개하기', '책 속 인물 칭찬하기' 등의 독서 미션과 미션 수행기간을 제시합니다. 미션을 완수한 아이들에게 상품을 주고 폭풍 칭찬을 해 주면 됩니다. 상품은 똑같은 것을 준비하여 줄 수도 있지만, 학용품, 초콜릿, 비타민 등 다양한 상품이 쓰여 있는 돌림판을 준비하거나 추첨 상자를 만들어 아이들이 직접 상품을 고르게 하는 방법도 있습니다. 아이들에게는 상품이 무엇인지도 중요하지만, 어떤 상품이 나올까에 대한 기대감도 중요합니다.

책빙고 게임은 친구와 함께 놀이처럼 참여할 수 있는 프로그램입니다. 마지막 시간에 독서 미션과 도서관 미션으로 구성된 빙고지를 모둠별로 나누어 줍니다. 책을 읽어야 하는 독서 미션과 달리 도서관 미션은 '대출 정지 중인 친구와 함께 도서관 오기', '도서관에서 지켜야 하는 예절 1개 말하기' 등과 같이

책을 읽지 않고도 할 수 있는 활동입니다. 모둠별 활동이기 때문에 책 읽기에 관심 없는 아이들도 자연스럽게 도서관에 오게 할 수 있습니다.

초등학교는 독서 흥미 유발을 위한 행사를 많이 하는데 이때 책을 읽고 문제를 해결하는 퀴즈 활동을 넣는 것도 좋은 방법입니다. 책을 즐겨 있는 아이들 중에는 좋아하는 분야의 책만 읽는 경우도 많습니다. 학교도서관 행사로 다양한 분야의 책을 읽어야 하는 퀴즈를 내면, 행사에 참여하는 아이들은 자연스럽게 여러 분야의 책을 접하게 됩니다. 독서 동기유발을 물론이고 편독하는 아이들에게도 도움이 되는 프로그램입니다.

책을 읽어 주는 것은 아이들이 책에 흥미를 갖게 하는 아주 효과적인 방법입니다. 중간놀이 시간이나 점심시간에 저학년 아이들에게 책 읽어 주는 시간을 운영할 수 있습니다. 보통은 학부모 봉사자나 도서부 아이들이 책을 읽어 주는데, 교장선생님, 교감선생님, 교사, 고학년 아이들 등 학교 구성원 모두를 대상으로 책 읽어 주는 사람을 모집할 수도 있습니다. 책을 읽어 주는 사람은 이야기를 듣는 아이들의 독서 모델이 되기도 합니다. 책을 읽어 주는 사람이 선정되면 이들을 대상으로 책에 대한 연수, 책 읽어 주기에 대한 연수를 먼저 진행하고 책과 함께 아이들을 만날 준비를 도와주어야 합니다.

이 밖에도 책을 빌릴 때마다 도장을 받는 독서 쿠폰 발행(00쪽 참고)과 다대출반 시상 등의 방법이 있습니다. 다대출반 시상은 2개월에 한 번, 학기별 한 번과 같이 일정 기간을 정해 놓고 대출을 가장 많이 한 학급에 상품을 주는 행사입니다. 학년별로 한 학급을 선발하거나 저·중·고학년으로 나누어 한 학급을 선발할 수도 있습니다. 이때 상품으로 가장 인기 있는 것은 반 전체가 함께 먹을 수 있는 간식입니다. 다대출반 시상을 하다 보면 정작 책을 읽은 학생은 몇 명 되지 않는데 다대출반으로 선정되는 경우가 있습니다. 특정 학생이 혼자 책을 많이 읽어도 반 전체 대출 권수가 늘어나기 때문입니다. 더 많은 학생이 책을 읽는 반에 상품을 주고 싶다면 대출 권수에 참여 학생 비율을 더하여 독서 우수 학급을 선발할 수도 있습니다.

전 학년을 대상으로 이용 교육을 하는 것이 좋을까요, 한두 학년을 대상으로 집중해서 하는 게 좋을까요?

학교 상황에 따라 다릅니다. 처음 발령받은 학교의 도서관이 그동안 거의 폐가제로 운영되어 왔거나 전담 인력이 없었다면 전 학년이 한 번도 이용 교육을 받지 못했다고 볼 수 있습니다. 이런 경우에는 1년 정도 모든 학년을 대상으로 이용 교육을 실시하는 것이 좋습니다. 그런 다음 1~2학년을 대상으로는 기본 이용 교육을, 3학년은 1~2학년 때 배운 이용 방법 되돌아보기와 독서교육종합지원 시스템 이용 교육, 4학년부터는 도서관 정보 활용 수업(조사탐구)과 독서 수업(토론) 위주로 수업을 진행하는 것입니다. 도서관을 운영하다 보면 책을 검색하고 찾는 활동을 능숙하게 하는 아이들도 있고 주제별 책 위치도 모르는 아이들도 있습니다. 학교 아이들의 도서관 이용 경험과 수준에 맞게 수업을 설계해 보세요.

> 발령받은 도서관의 서가 상태가 엉망입니다. 도서관을 정비하는 것이 먼저일까요, 이용 교육이 먼저일까요?

설레는 마음으로 첫 발령지인 학교에 가서 도서관을 둘러보던 때가 생각나네요. 어떤 아이들을 만나게 될까, 학교도서관을 어떤 것들로 채워야 따뜻한 공간이 될까 생각하며 학교를 향했습니다. 그런데 학교도서관을 둘러보면서 그 설렘이 곧 좌절로 바뀌었습니다. 2만 권 가까이 되는 책이 청구기호 순으로 배열되지 않았다는 사실을 알게 되었거든요. 책이 대분류별로만 정리되어 있었습니다. 며칠을 한숨 쉬며 앉아 있었던 것 같습니다. 그럴수록 가장 먼저 해야 할 일이 무엇인지 명확해지더군요. 곧바로 '서가 재배열'을 시작했습니다. 하지만 서가 재배열이 끝나야 도서관 이용 교육을 시작할 수 있는 것은 아닙니다.

도서관 이용 교육 내용과 학습 활동에 따라 서가 재배열 전에 할 수 있는 수업과 재배열 후에 하는 것이 더 효과적인 수업을 나눌 수 있습니다. 아이들에게 소장 자료 검색법, 청구기호를 확인하여 책을 찾는 방법을 가르치기 위해서는 청구기호 순으로 책이 정리되어 있어야 합니다. 서가 재배열을 하지 않고 제대로 정리된 서가의 모습을 사진으로 찍어 아이들에게 보여 주면서 설명할 수도 있지만, 아이들이 직접 실습해 보는 것이 더 효과적이기 때문에 가능하다면 학부모 봉사자, 자원봉사자 등 인력 지원을 받아 서가 재배열을 한 후 도서관 이용 교육을 시작하는 것을 권합니다. 서가 전체를 재배열하는 시간이 너무 오래 걸릴 것 같으면 일부분이라도 재배열하여 공간을 마련한 후 수업을 시작할 수도 있습니다.

1학년은 도서관 교육 시간에 도서관을 이용하는 방법, 도서관 예절, 대출·반납 방법 등을 먼저 지도하기 때문에 서가 정리가 미처 끝나지 않았더라도 수업을 시작할 수 있습니다. 책표지 읽기, 참고도서의 특징 알기 등의 수업도 서가에서 책을 찾는 활동이 없으므로 서가 재배열 전에 수업할 수 있습니다. 서가 재배열이 끝난 후 수업을 시작하는 것이 가장 좋지만 그게 어렵다면 학년별 수업 내용을 잘 고려하여 수업 시기를 정해 보세요.

학년별로 효과적인 교수법이 있을까요?

안타깝게도 학년별로 '이렇게 하면 효과적이다'라고 말할 수 있는 정확한 교수법은 없습니다. 수업 방법은 학생들의 수준과 반응에 따라 달라집니다. 같은 학년이라고 해도 학교별로 아이들의 분위기에 따라 수업 내용을 받아들이는 수준이 다릅니다. 다만 교수법을 향상시키는 데는 사서교사로서의 이점도 있습니다. 교과 전담 선생님들처럼 같은 수업을 같은 학년의 학급별로 여러 번 하게 되므로 첫 학급 수업 경험을 개선해 다음 반에 효과적인 내용과 방법으로 수업을 할 수 있습니다. 수업을 해 보면 한 차시에 어느 정도의 분량을 다뤄야 하는지 어떤 내용에 아이들의 반응이 좋았는지 자신의 수업을 평가해 볼 수 있습니다.

본 수업 전 동기유발 활동이 중요한 건 잘 아시죠? 수업 첫 단추인 동기유발 활동이 아이들에게 호기심과 흥미를 주면 아이들의 호응도도 높아지고 본 수업을 진행하기 쉽습니다. 아이들의 관심과 수준을 알면 어떤 내용을 동기유발 자료로 보여 줄 것인지 계획하기도 쉽죠. 수업을 계획할 때부터 무엇을 가르칠까보다는 아이들이 어떻게 반응할까를 먼저 생각하면서 준비해야 합니다.

또한 학년별 교육과정을 분석해 스스로 이해한 상태에서 수업을 준비할 것을 권합니다. 학년별로 교과 수업에서 어떤 내용을 배우고 있는지 알고 있으면 도서관 활용 수업 때 교과에서 배울 내용이나 배운 내용으로 자료 조사 수업을 할 수 있습니다. 아이들에게 과학 교과서의 몇 단원에서 배울 내용이니 이번 수업 때 잘 조사하면 교과 학습에 도움이 된다고 알려 주면서 도서관 수업에 대해 동기유발을 해 주는 것입니다.

도서관 관련 용어나 지식적인 부분을 설명할 때 시간이 오래 걸리고 학생들은 지루해하는데 어떻게 하면 학생들의 흥미를 유도하고 재미있게 수업할 수 있을까요?

때때로 설명하는 사람도 힘들고 듣는 아이들도 힘든 그런 시간이 있습니다. 저는 청구기호 설명할 때와 인터넷 정보 검색법을 설명할 때 그렇습니다. 도서관에서 사용하는 용어를 보면 한자어가 많고 평소에 사용하는 용어가 아니어서 대출, 반납, 연체 등의 용어를 설명하는 첫 시간부터 어려워하는 아이들이 있습니다. 1학년의 경우는 도서관 용어 중 가장 필요한 용어만 간단히 설명하고 용어를 소리 내어 따라 하게 하는 것이 좋습니다. 익숙하지 않은 용어이므로 여러 번 반복하여 소리 내 보는 것이 용어를 익히는 데 효과적입니다. 대출증, 책수레, 각종 사전 등과 같이 실물 자료가 있는 것은 실물을 직접 보여주면서 설명합니다. 또 아이들이 좋아하는 책이나 만화 속 캐릭터를 수업자료에 등장시켜 설명하는 것도 아이들의 흥미를 유발하는 방법입니다. 학년별로 아이들에게 인기 있는 책과 캐릭터가 무엇인지 항상 관심을 두면 적절히 활용할 수 있는 순간이 옵니다.

1~2학년 수업에서는 경쟁적 요소를 도입하면 아이들의 수업 흥미 유발에 도움이 됩니다. 수업을 시작하면서 오늘 배운 내용으로 퀴즈 대결을 한다고 공지하거나 수업 중간에 중요한 내용을 퀴즈로 내어 아이들을 집중시킬 수 있습니다. 마지막에는 모두가 맞힐 수 있는 퀴즈를 내서 초콜릿 한 개씩이라도 모두 상품으로 받을 수 있도록 하는 게 좋습니다. 도서관 수업에 대한 즐거운 기억이 다음 수업을 기대하게 만들어 줍니다.

학생들의 집중도와 참여도를 높이는 방법에는 무엇이 있을까요?

먼저 아이들 눈높이에서 아이들이 관심 가질 만한 주제가 무엇인지를 생각해 보세요. 요즘 아이들이 많이 부르는 대중가요나 연예인 등을 알아두면 일단 아이들과 공감할 수 있고 화제가 되었을 때 수업자료로 활용할 수도 있답니다. 몇 년 전 '내가 알고 싶은 정보를 어떻게 찾을 수 있을까'라는 주제로 수업을 진행하면서 남북회담 행사에 참여한 그룹 '레드벨벳'의 공연 영상을 동기유발 자료로 사용한 적도 있습니다.

적절한 교구도 수업에 집중하게 하는 데 도움이 됩니다. 학토재(프리즘 카드, 토론키트 등)나 협동학습연구회(육각모형 토론 교구) 등에서 나온 교구들이 많이 활용됩니다.

아이들이 KDC와 청구기호를 어려워합니다. 이를 위한 교구나 학교도서관 프로그램으로는 어떤 것이 있을까요?

KDC를 익히는 방법의 하나로 『기적의 도서관 학습법』(이현 지음, 기탄출판, 2010개정판)의 140쪽에 있는 '어린이영어도서관 분류 놀이판'을 소개합니

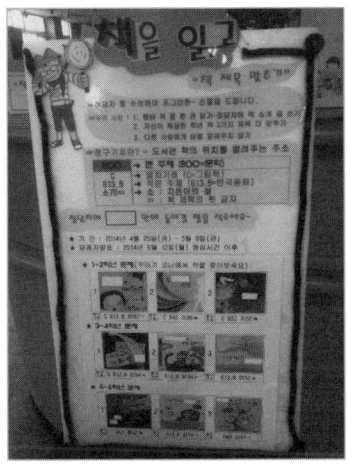
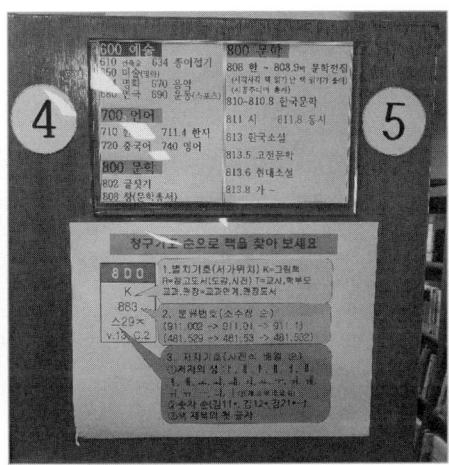

다. KDC 돌림판과 자석 보드판이 있는데 자석 보드판이 제작하기 쉽습니다. 대형 화이트보드에 자석이 붙어 있는 주제별 십진분류판을 붙여 보는 활동을 하면서 재미있게 KDC를 배울 수 있습니다. 그리고 본문 3장에 제시한 바와 같이 도서관 행사 시 KDC 관련 미션 프로그램을 진행할 수도 있습니다.

독서주간이나 독서의 달 행사에서 청구기호를 활용한 퀴즈를 제시하는 방법도 있습니다. 청구기호만 알려주고 해당하는 책을 찾아 제목을 적어 내는 활동입니다. 청구기호에 관해 설명하는 글을 서가에 붙여 놓으면 아이들이 책을 찾을 때 보고 활용할 수 있습니다.

도서관에 컴퓨터가 부족한데 정보 검색과 정보 활용 수업은 어떻게 하나요?

먼저 컴퓨터실을 활용하는 방법이 있습니다. 담임교사와 협의해 학급별 컴퓨터 이용 시간을 도서관 수업 시간으로 잡아 컴퓨터실에서 수업을 진행할 수 있습니다. 컴퓨터실과 도서실이 가까우면 두 공간을 모두 활용하며 수업을 진행하기도 합니다. 이때는 담임교사와 협력수업으로 진행하는 것이 좋습니다. 학생의 절반은 도서실에서, 절반은 컴퓨터실에서 번갈아 조사하게 하고 담임교사는 컴퓨터실에서, 사서교사는 도서실에서 학생을 지도합니다.

도서관에 검색용 컴퓨터가 5~6대 정도 있다면 모둠원이 함께 해결할 수 있는 과제를 제시하는 정보 활용 수업을 진행합니다. 모둠별로 컴퓨터를 한 대 활용할 수 있도록 하고 책으로 조사하는 것을 기본으로 하여 책으로 찾기 어려운 내용만 컴퓨터로 검색하도록 하는 것입니다.

조사 수업을 진행하면 아이들이 너무 시끄러워집니다. 어떻게 하면 좋을까요?

물론 도서관은 조용한 곳이어야 하지만 조사 수업이나 모둠 활동을 하는 동안에는 다소 시끄러워지게 마련입니다. 다른 사람들이 보고 '저 선생님은 아이들 관리를 못 하나? 왜 저렇게 시끄럽지?'라고 생각할까 봐 걱정될 수도 있겠습니다. 조사 수업 중 가장 소란스러워지는 순간은 책을 아이들이 스스로 찾아오는 시간일 것입니다. 이때는 모둠별로 10명 이내의 아이들만 움직이게 하고 각각 다른 서가에서 찾을 수 있도록 위치를 안내합니다. 예를 들어 식물을 조사한다면 한 모둠은 참고도서 코너에 있는 도감을, 한 모둠은 480에 있는 단행본을, 한 모둠은 000 총류로 분류된 단행본을 찾도록 구분하고 책을 찾는 시간도 정해 줍니다. 정해진 시간 외에는 개인적으로 조사에 집중하고 서로 이야기 나누지 않도록 주의를 줍니다. 모둠활동에 개인적으로 해야 하는 활동을 포함시키고 의논할 수 있는 시간을 따로 두어 수업을 진행하면 수업 분위기가 흐트러지는 것을 어느 정도 피할 수 있습니다.

수업 내용과 관련 없는 말을 하거나 떠들면서 분위기를 흐리는 아이들을 어떻게 해야 할까요?

저는 학급별 도서관 첫 수업에서 아이들에게 도서관에서 지켜야 할 예절을 먼저 알려줍니다. 자리 위치, 수업 시 떠들면 어떤 제제가 따르는지, 활동지 제출은 어떻게 하는지 등을 알려줍니다. 첫 수업 때 자리는 번호순으로 앉게 하고 학급 명렬표를 보면서 아이들의 이름을 불러 줍니다. 아이들은 사서선생님이 자신의 이름을 알고 있다는 것만으로도 태도를 바르게 하는 모습을 보입니다.

특별히 수업을 방해한 아이가 있다면 수업이 끝나고 쉬는 시간에 친구들이 사용한 책과 의자를 정리하고 책상 위 지우개 가루를 치우게 하기도 합니다. 모둠 단위로 책임을 물으면 다른 아이들 눈치가 보여 조용해지기도 하지만 전혀 아랑곳않고 떠들다가 같은 모둠원들의 불만을 사는 아이들도 있습니다.

한편 수업 중 질문을 하면 앞 아이와 똑같은 대답을 하면서 계속 손을 드는 아이도 있습니다. 자기가 아는 것을 발표하려는 급한 마음에 다른 아이의 대답이나 의견에 귀 기울일 여유가 없는 것입니다. 이를 피하기 위해 아이들이 대답한 내용을 칠판에 크게 써놓습니다. 토론 수업을 할 때도 마찬가지로 꼭 의견을 기록해서 보여줍니다. 그래도 같은 내용을 대답하면 교사가 지적하지 않아도 주변 아이들의 핀잔을 듣기 때문에 아이들이 먼저 조심하는 모습을 보입니다.

도서관에서 소리 내어 책을 읽는 아이들을 어떻게 지도해야 할까요?

소리 내어 책을 읽는 아이는 대부분 저학년, 특히 1학년일 경우가 많습니다. 먼저 도서관 수업 때 도서관 규칙과 예절을 가르치면서 아이들에게 '도서관에서는 다른 아이들에게 방해가 되니까 소리 내어 책을 읽으면 안 된다'라고 강조합니다. 저학년 학부모 중에도 도서관에서 아이에게 소리 내 책을 읽어 주는 사람들이 있는데 도서관 수업 때 이 부분도 아이들에게 당부합니다. 부모님이 도서관에서 책을 읽어 주시면 오늘 배운 도서관 이용 예절을 꼭 말씀드리라고요. 가끔 방과 후에 다른 아이들이 없으니 괜찮지 않냐고 말하는 학부모도 있는데, 한번 허용되면 다른 분들도 하게 되어 이용 규칙이 깨지게 되니 이해해 달라고 잘 이야기합니다.

수업 기술의 부족함을 느낍니다.

10년을 넘게 수업을 해도 늘 수업 기술의 부족함을 느끼는 건 같은 마음인 것 같네요. 교과서나 교사용 지도서도 없으니 사서교사는 늘 무에서 유를 창조해야 하는 것 같습니다. 수업을 많이 할수록 노하우가 생기니 수업의 기회를 많이 가졌으면 합니다. 학교마다 다르지만 동료장학 때 다른 교사들이 다 와서 볼 수 없으니 수업을 녹화해 주는 학교도 있습니다. 녹화된 수업을 보면 자신이 수업 중 자주 하는 습관을 볼 수 있고 수업 중 보지 못한 아이들의 모습도 볼 수 있습니다. 동료장학 때가 아니더라도 자기장학(녹화)을 해 보는 방법은 어떨까요? 그리고 동료장학 때나 도서관에서 진행되는 다른 교사들의 수업을 관찰해 보면 내가 적용하면 좋을 만한 기술들이 보일 것입니다.

도서관 이용 교육을 준비하며 참고할 수 있는 자료는 어떤 것이 있을까요?

　도서관 이용 교육이나 활용 수업 때 참고할 만한 자료들을 소개할게요. 참고 자료들 외에 다양한 자료들이 필요하다면 지역별 사서교사 커뮤니티에 적극적으로 참여해 보세요. 경기도 사서교사 연구회의 경우에는 네이버 카페를 운영하고 있는데 선배 교사들이 게시판에 다양한 자료들을 공유해 주고 도움을 요청하면 필요한 조언도 해 주고 있습니다. 신규교사들을 위한 연수를 개설해 운영하기도 했지요. 하지만 교과서 없이 수업하는 만큼 스스로 연구해서 학교 아이들의 수준에 맞는 창의적인 수업을 만들어 갈 수 있기를 바랍니다. 경기도사이버도서관(ww.library.kr)의 '북매직-도서관을 알려줘요' 카테고리에는 도서관의 의미와 역할, 한국도서관의 역사 등이 소개되어 있으며, 저학년 도서관 이용 교육에 활용할 수 있는 애니메이션, 도서관 이용 교육용 동영상, 고학년용 정보 활용 교육 자료, 도서관에서 노는 법 100가지 등도 이용할 수 있습니다.

책(제목, 저자, 출판사 순)	추천 이유
『100권의 그림책』 현은자 외, CUP	100권의 그림책에 대한 줄거리 및 서평이 있고, 각 그림책으로 할 수 있는 활동을 제시한다.
『공부머리 만드는 그림책 놀이 일 년 열두 달』 박형주·김지연, 다우출판사	계절과 함께 통합교과와 연계한 그림책 및 책 놀이를 제시한다.
『기적의 도서관 학습법』 이현, 기탄출판	도서관을 활용한 여러 가지 교육 방법을 소개한다.
『노는 도서관 배우는 도서관』 서해경, 현암사	도서관의 역사부터 도서관의 역할과 이용법, 다양한 도서관들의 소개, 도서관에 얽힌 재미있는 이야기를 알려준다.
『도서관에 가자 시리즈 1~3권』 아카기 간코, 달리	도서관은 어떤 곳이며, 책은 어떻게 찾을 수 있는지, 그리고 정보 활용 수업 단계에서 가장 중요한 주제를 어떻게 정하는지에 대한 설명이 나와 있다.
『말랑말랑 그림책 독서토론』 강원토론교육연구회, 단비	그림책을 읽고 토론하는 수업자료가 있다.
『보드 게임, 교육과 만나다』 박점희·은효경, 애플북스	보드게임과 수업을 연결하여 쓸 수 있는 자료를 소개한다.
『사서 빠뜨』 즈느비에브 빠뜨, 재미마주	어린이도서관 사서 즈느비에브 빠뜨의 이야기로 도서관 운영과 아이들과의 다양한 경험을 담았다.
『생각이 자라는 그림책 토론 수업』 권현숙 외, 학교도서관저널	그림책을 읽고 토론하는 수업자료가 있다.
『학교도서관 활용 수업』 박은하 외, 학교도서관저널	초등 학교도서관 활용 수업 사례와 자료가 있다.
『책 가지고 놀고 있네』 박영옥 외, 학교도서관저널	즐겁게 할 수 있는 책놀이 100가지를 소개한다.
『책으로 행복한 북적북적 책놀이』 책친구, 단비	2015 개정교육과정의 핵심역량별 책놀이를 소개한다.
『콩닥콩닥 신명 나는 책놀이』 전국학교도서관담당교사 경남모임, 단비	월별 책놀이와 함께 도서관 놀이 등 7개 유형의 놀이를 수록하고 있다.

닫는 글

아이들에게
도서관이 멋진 보물섬이길

"도서관 이용하는 방법을 모르는 사람이 어딨어? 그게 왜 중요해?"라고 누군가는 의문을 품을지도 모른다. 특히 요즘처럼 누구나 스마트폰으로 검색이 가능해진 시대에는 도서관을 이용하는 것보다 포털사이트에 접속해 검색하는 것이 더 쉽고 효율적으로 느껴진다. 그러나 매일 셀 수 없을 만큼 방대하게 쏟아지는 정보 속에서 내가 원하는 '최적의 정보'를 찾고, 그것을 '나만의 언어로 표현'하는 일은 생각만큼 쉽지 않다.

스마트폰 없이 생활하는 것이 힘든, 스마트폰을 신체 일부처럼 사용해 '포노사피엔스'라고 불리는 요즘 아이들에게 도서관은 그리 재미있는 곳은 아닐 것이다. 스마트폰에 접속하기만 하면 원하는 거의 모든 것을 할 수 있기 때문이다. 친구들을 만나고 싶을 때도 SNS에서 시간과 장소에 구애받지 않고 소통할 수 있고, 매달 새로운 게임이 출시되어 짜릿함과 즐거움을 맛

볼 수 있다. 모르는 것이 있을 땐 곧바로 스마트폰에 검색해 정보를 수집한다. 그 정보가 정확한지 아닌지 구별하는 과정은 생략되며, 빠르게 얻은 정보로 인해 중요한 것을 놓치고 있다는 사실을 깨닫지 못한다.

인터넷이라는 거대한 정보의 바닷속에서 우리 아이들에게 진정한 배움이 일어나고 있는지에 대해 교사로서, 어른으로서 다시 생각해 보아야 한다. 사서교사는 정보를 다루는 과정에서 아이들이 속한 환경에 따른 차별은 없는지, 정보 수집 단계에서 어려움은 없는지, 단순 검색 수준에 머물고 있지는 않은지를 살펴봐야 한다.

'우리 아이들은 과연 평등하게 정보를 찾고 있는가?'
'정보 탐색을 통해 지식의 재구성이 이루어졌는가?'
'아이들은 자유자재로 컴퓨터를 다루고 유연한 정보 탐색 기술을 가지고 있는가?'
'정확한 정보 탐색을 통해 현실 세계에서 다른 사람과 소통하고, 새로운 깨달음을 얻었는가?'

아이들은 사서선생님으로부터 도서관 이용규칙과 예절, 다양한 정보원, 분류 등을 배운다. 관심 주제에 대해 스스로 조사해 보고, 혼자서 안 되면 여럿이서 함께 계획하고 나누는 과정을 경험한다. 이런 경험을 하나하나 쌓은 아이들이 훗날 올바른 시민의식을 가진 정보생산자, 이용자로 성장하는 것이다. 그러기 위해 학교도서관과 사서교사는 아이들의 호기심을 끊임없이 자극하고, 다양한 방법으로 표현할 수 있도록 환경을 조성해야 한다.

도서관은 풍요로운 만남의 장소이자 새로운 발상과 도전이 끊이지 않는 창의적인 공간이다. 아이들이 처음 만나게 되는 도서관인 '학교도서관'은 그래서 더욱 중요하다. 학교도서관에서 받은 올바른 도서관 이용 교육과 정보 활용 교육은 아이들에게 도서관이라는 평생 친구를 안겨준다.

도서관이 우리 아이들에게 멋진 보물섬이 되어, 아이들의 호기심을 자극하고, 새로운 정보를 창조하며 그것을 다른 사람과 나눌 수 있는 민주시민으로 성장하게 하는 초석이 되길 기대해 본다.

부록

1~2학년용 교과 연계 주제별 도서 목록

가족

[1-1-여름] 1. 우리는 가족입니다, [2-1-여름] 1. 이런 집 저런 집

책(제목, 저자, 출판사 순)	내용
『가족을 빌려줍니다』 서석영, 바우솔	다양한 가족의 형태를 동물과 식물로 표현한 동화. 단편집이라 한 편씩 읽어주기에 좋다.
『근사한 우리 가족』 로랑 모로, 로그프레스	동물과 비교하며 가족의 성격을 소개해 준다.
『내 동생은 진짜 진짜 얄미워』 이은정, 키즈엠	형제애를 느낄 수 있는 그림책. 활동북이 있어 통합교과 수업 시 적용해도 좋다.
『내 이름은 제동크』 한지아, 바우솔	당나귀와 얼룩말의 결혼으로 다문화 가족 이야기를 들려준다.
『늦게 온 카네이션』 이순원, 북극곰	토기 아줌마는 아들이 보낸 카네이션이 늦게 도착하자 어버이날이 지나서도 달고 다니며 부모님을 생각한다.

책(제목, 저자, 출판사 순)	내용
『멋지다! 야별 가족』 이종은, 노루궁뎅이	다문화 가족 이야기. 주인공은 나와 피부색이 다른 동생이 태어나는 게 걱정이다.
『모든 가족은 특별해요』 토드 파, 문학동네	이 세상에 존재하는 다양한 가족의 형태에 대해 알 수 있다.
『세상의 모든 가족』 알렉산드라 막사이너, 푸른숲주니어	다양한 가족 구성원의 형태에 대해 알 수 있다.
『아빠의 귓속말』 정원식, 키위북스	매일 밤, 늦은 퇴근으로 피곤한 아빠가 늘 아이 방에 들러 사랑한다고 말해 준다.
『엄마 아빠 결혼 이야기』 윤지회, 사계절	좋아하는 친구와 결혼을 하겠다는 아이에게 엄마와 아빠가 결혼할 당시의 모습을 들려준다.
『엄마가 말이 됐어요』 지메나 텔로, 듬뿍	항상 시간에 쫓기는 워킹맘 엄마가 어느 날 말이 되어 버린다.
『왕할머니는 100살』 이규희, 책읽는곰	가족, 친척, 촌수, 호칭에 대해 알려준다.
『우리 가족 납치 사건』 김고은, 책읽는곰	각자의 일로 바쁜 가족들이 다양한 방법으로 납치되어 함께 휴가를 즐긴다.
『우리 가족의 비밀』 아나 만소, 북스토리아이	탐정놀이를 하며 가족의 호칭 및 촌수를 알려준다.
『우리 가족입니다』 이혜란, 보림	작은 식당 집에 사는 네 가족에게 치매에 걸린 할머니가 와서 함께 살게 된다.
『위대한 가족』 윤진헌 지음, 천개의바람	각각의 장단점으로 불편해하며 따로 지내던 가족이 서로의 개성을 존중하는 방법을 배운다.
『촌수박사 달찬이』 유타루, 비룡소	가족의 촌수와 호칭에 대해 알려준다.
『할머니 엄마』 이지은, 웅진주니어	일을 하는 엄마를 대신해 할머니가 사랑으로 손녀를 키운다.

계절

[1-1-봄] 2.도란도란 봄 동산, [1-1-여름] 2.여름 나라, [1-2-가을] 2. 현규의 추석, [1-2-겨울] 1. 우리의 겨울, [2-1-봄] 2. 봄이 오면, [2-1-여름] 2. 초록이의 여름 여행, [2-2-가을] 2. 가을아 어디 있니, [2-2-겨울] 2. 겨울 탐정대의 친구 찾기

책(제목, 저자, 출판사 순)	내용
『가을을 그려요』 박종진, 키즈엠	장난을 치다가 선생님의 가을책에 물감을 쏟은 아이들이 각자의 방식으로 가을을 그림으로 표현해 가지고 온다.
『겨울이 왔어요』 찰스 기냐, 키즈엠	겨울에 하는 놀이와 풍경을 의성어와 의태어로 표현했다.
『꽃 피는 해적선』 박종진, 키즈엠	해적 가족이 할머니 생신을 잊지 않기 위해 봄꽃을 키운다.
『꽃장수』 이태준, 키즈엠	그림으로 봄꽃을 보여주고 봄에 만나는 동식물을 알려준다.
『꽃피는 봄이 오면』 이진, 키즈엠	다람쥐가 도토리를 찾는 도중 봄꽃을 만난다.
『나의 봄 여름 가을 겨울』 린리쥔, 베틀북	사계절의 자연현상과 자연의 순환과정을 보여준다.
『내가 잠든 동안 넌 뭐 할 거야?』 마츠 벤블라드, 풀빛	겨울잠 자는 고슴도치가 죽은 줄 알고 장례식을 치러 준 산토끼 이야기.
『마법의 여름』 후지와라 카즈에, 아이세움	여름방학을 맞이해 시골 삼촌 댁에 가서 여름을 보낸다.
『바람이 머물다 간 들판에』 이동진, 봄봄	우리가 잘 알고 있는 동요에 맞춰 가을풍경을 볼 수 있다.
『봄 여름 가을 겨울 계절아, 사랑해』 줄리 폴리아노, 찰리북	춘분(3월 20일)부터 이듬해까지 사계절의 풍경이 나와 있다.

책(제목, 저자, 출판사 순)	내용
『봄의 원피스』 이시이 무쓰미, 주니어김영사	봄 풍경(색, 동식물, 일)과 함께 봄에는 어떤 옷을 입으면 좋을지 생각하게 한다.
『봄이 오는 소리』 정인철, 베틀북	겨울에서 봄으로 바뀌어 가는 계절의 모습을 볼 수 있다.
『사계절』 피에르 윈터스, 사파리	사계절 변화하는 모습, 하는 일, 특징 등을 보여준다.
『산으로 들로 사계절 자연학교』 마츠오카 다츠히데, 천개의바람	식물 및 동물이 등장하는 사계절 풍경이 나와 있다.
『수잔네의 봄·여름 가을 겨울(총4권)』 로트라우트 수잔네 베르너, 보림	4m 그림책으로 일상생활 속에서 나타나는 사계절의 변화를 보여준다.
『아늑한 마법』 숀 테일러, 다림	숲속 동물들이 겨울잠 자는 모습을 보여 준다.
『알록달록 가을』 이영미, 국민서관	여름에서 가을로 변해가는 숲속의 모습을 보여 준다.
『잎에는 왜 단풍이 들까요?』 정유정, 다섯수레	단풍이 드는 과정을 보여준다.
『촉촉한 여름 숲길을 걸어요』 김슬기, 시공주니어	여름 숲에서 만날 수 있는 동식물을 보여준다.
『쿨쿨 겨울잠을 자요』 이상배, 계림북스	겨울나기, 식물 및 동물의 한살이를 알려준다.

다양한 책 모양

[1-2-국어] 1. 소중한 책을 소개해요.

책(제목, 저자, 출판사 순)	내용
『ABC 3D』 마리옹 바타유, 보림	알파벳의 모양을 세밀하게 디자인해 만든 팝업북.

책(제목, 저자, 출판사 순)	내용
『깜짝깜짝! 색깔들』 척 머피, 비룡소	손으로 잡아당겨서 보는 플랩북.
『나무늘보가 사는 숲에서』 아누크 부아로베르, 보림	숲의 모습을 보여주는 팝업북.
『내가 만드는 1000가지 이야기』 막스 뒤코스, 국민서관	그림책이 가로로 3등분되어 있어 각각의 이야기를 만들 수 있다.
『네가 알아야 할 모든 지식』 알렉스 프리스, 어스본코리아	손으로 다양한 지식들을 들춰 보는 플랩북.
『동물들아, 뭐하니』 루퍼스 버틀러 세더, 웅진주니어	스케이메이션 북으로, 책장을 넘기면 책 속 그림이 움직이는 신기한 책.
『리본』 아드리앵 파를랑주, 보림	책장의 넘김과 갈피끈의 움직임으로 이야기를 완성한 책.
『미니 동물 팝업북 세트』 신영선, 블루레빗	바다생물, 농장동물, 야생동물, 작은 벌레 4권으로 구성된 팝업북.
『바다 이야기』 아누크 부아로베르·루이 리고, 보림	바다 위와 바닷속을 팝업북으로 살펴볼 수 있는 책. 환경보호에 관한 내용도 있다.
『사파리』 캐롤 카우프만, 소우주	포티큘러(particular+photo) 기법으로 동물이 움직이는 모습을 표현한 책.
『색다른 바닷속 여행』 아이나 베스타드, 현암주니어	세 가지 색깔판으로 바닷속 풍경을 관찰할 수 있는 책.
『색다른 숲속 여행』 아이나 베스타드, 현암주니어	세 가지 색깔판으로 숲속 풍경을 관찰할 수 있는 책.
『엄마의 선물』 김윤경, 상수리	엄마의 사랑을 절실히 느낄 수 있는 책. OHP 필름에 그려진 그림이 그림책을 완성한다.
『이상한 나라의 앨리스』 루이스 캐럴, 사파리	회전목마 팝업북을 활용해 스토리를 연결하는 책.
『커다란 동물들이 사는 큰 동물 책 조그만 동물들이 사는 작은 동물 책』 크리스티나 반피, 꿈터	29x38cm의 큰 책(큰 동물) 앞표지에 11.6x11.5cm 크기의 작은 책(작은 동물)을 자석으로 붙여 놓은 책.

책(제목, 저자, 출판사 순)	내용
『하마를 간질간질하지 마세요!』 샘 태플린, 어스본코리아	동물을 촉감과 소리로 함께 표현한 책.
『행운을 찾아서』 세르히오 라이를라, 살림어린이	책을 앞으로, 뒤로 읽을 수 있는 책.

도서관 이용

[2-2-가을] 2. 가을아 어디 있니, 도서관 이용 수업 연계

책(제목, 저자, 출판사 순)	내용
『도서관』 사라 스튜어트, 시공주니어	책을 좋아하는 주인공이 책으로 가득 찬 집을 도서관으로 기증하는 모습을 통해 도서관의 개념을 생각해 볼 수 있다.
『도서관 아이』 채인선, 한울림어린이	도서관에서 자원봉사를 하는 엄마를 통해 도서관에서 책과 함께 성장하는 아이를 보여준다.
『도서관 탐구 생활』 사이토 히로시, 북뱅크	도서관에 있는 물건과 이용 방법 등을 알려 준다.
『도서관에 간 사자』 미셸 누드슨, 웅진주니어	우연히 도서관에 온 사자를 통해 도서관의 모습을 보여 주고 도서관에서는 조용히 해야 한다는 것을 알려준다.
『도서관에 간 여우』 로렌츠 파울리, 사파리	도서관 이용 수업 시 적용, 도서관 예절 및 책 읽는 즐거움에 대해 나와 있다.
『도서관에 간 외계인』 박미숙·최향숙, 킨더랜드	외계인이 지구에 와서 도서관 이용 방법 및 도서관 관련 사항들을 알게 된다.
『도서관에서 길을 잃었어』 조쉬 펑크, 보물창고	뉴욕공공도서관 앞 돌사자가 짝꿍 돌사자를 찾으러 도서관으로 들어가는 내용을 통해 뉴욕공공도서관의 곳곳을 소개하고 책 읽기의 즐거움을 알려준다.

책(제목, 저자, 출판사 순)	내용
『도서관에서는 모두 쉿!』 돈 프리먼, 시공주니어	주인공 캐리가 '동물원 친구들'이란 책을 읽고, 사서가 되는 상상을 하는 모습이 나온다.
『도서관이 키운 아이』 칼라 모리스, 그린북	멜빈이라는 주인공을 통해 도서관에서 사서선생님과 어떤 활동을 할 수 있는지 알려준다.
『동물원? 도서관?』 마크 브라운, 보물창고	사서가 실수로 이동도서관 버스를 동물원 앞에 세워 놓자 동물들이 책을 읽기 위해 모여든다.
『책벌레』 권재희, 노란상상	도서관 이용, 청구기호, 책을 읽으면 어떤 게 좋은지 알려준다.
『킁킁킁! 탐정 개와 도서관 대소동』 줄리아 도널드슨, 상상스쿨	책 도둑을 잡아내는 탐정개가 책을 읽고 싶어 가져간 책 도둑에게 도서관에 대해 알려준다.
『한밤의 도서관』 가즈노 고하라, 국민서관	도서관 이용 수업 시 적용. 도서관 예절 및 이용 방법이 나와 있다.

독서의 즐거움

[1-2-국어] 1. 소중한 책을 소개해요, [2-1-국어] 2. 자신 있게 말해요.

책(제목, 저자, 출판사 순)	내용
『그래, 책이야』 레인 스미스, 문학동네	책과 컴퓨터를 비교해 보며 책 읽기의 즐거움을 느낄 수 있다.
『꼬마 책 굿』 쿄 맥클리어, 주니어김영사	책 읽는 즐거움과 함께 발전적 책 읽기에 대해 알려준다.
『나랑 도서관 탐험할래?』 나탈리 다르장, 라임	책을 싫어하는 톰이 놀이터에서 만난 친구 누나를 따라 도서관에 갔다가 책과 친해진다.
『난 무서운 늑대라구!』 베케 블룸, 고슴도치	책을 읽으면서 달라지는 늑대의 모습을 보며 책 읽기의 과정과 예절을 배울 수 있다.

책(제목, 저자, 출판사 순)	내용
『내가 책이라면』 쥬제 죠르즈 레트리아, 국민서관	책의 입장에서 사람들에게 어떤 존재가 되고 싶은지 알려준다.
『돼지 루퍼스, 학교에 가다』 킴 그르스웰, 국민서관	돼지 루퍼스는 책을 읽고 싶어 학교에 가서 글을 배운다.
『와작와작 꿀꺽 책을 먹는 아이』 올리버 제퍼스, 주니어김영사	닥치는 대로 책을 먹고 머릿속 지식이 엉망으로 섞여 버린 헨리가 먹다 버려진 책을 읽으며 책 읽기의 즐거움을 알게 된다.
『우리 가족은 책을 읽어요!』 다니엘 마르코트, 다림	책 읽는 즐거움과 함께 책의 종류에 따른 다양한 읽기를 제시해 준다.
『책 도둑 토끼』 에밀리 맥켄지, 주니어김영사	책 도둑 토끼를 통해 도서관의 개념을 배우고 독서 후 자신만의 목록을 만들어 보는 활동을 해 볼 수 있다.
『책 읽는 강아지』 베로니크 코시, 그린북	생일선물로 받은 책을 모두가 잠든 밤에 찢어버린 강아지 슬리피, 그런데 다음 날 제대로 된 책을 보게 된다.
『책벌레 찌르찌르』 제니퍼 번, 푸른숲주니어	책에서 알게 된 태풍에 대한 지식으로 미리 대비할 수 있었던 주인공을 통해 책 읽기의 중요성을 알 수 있다.
『책이 꼼지락꼼지락』 김성범, 미래아이	책 읽기를 싫어하는 범이에게 책 속 주인공이 나와 책 속으로 초대한다.
『책이 제일 좋아!』 클레르 그라시아스, 시공주니어	책을 그만 읽으라는 소리를 들을 정도로 책을 좋아하는 생쥐가 퀴즈쇼에 나와 우승을 한다.
『책 읽는 유령 크니기』 벤야민 좀머할더, 토토북	유령 크니기가 많은 시행착오 끝에 진정한 책 읽기의 의미를 알려준다.
『프랭클린의 날아다니는 책방』 젠 캠벨, 달리	책 읽기를 좋아하는 프랭클린과 루나가 다른 사람들도 책을 읽을 수 있게 날아다니는 책방을 만든다.

명절

[1-2-가을] 2. 현규의 추석

책(제목, 저자, 출판사 순)	내용
『까치 까치 설날은 어저께고요』 왕수연, 브레멘플러스	설을 맞이하기 전부터 설날을 보내는 가족들의 모습을 보여준다.
『달이네 추석 맞이』 선자은, 푸른숲주니어	추석을 맞아 할머니 댁에서 가족들이 추석을 준비하는 모습을 보여 준다.
『떡국의 마음』 천미진, 키즈엠	설날 아침에 먹는 떡국에 대해 알려준다.
『분홍 토끼의 추석』 김미혜, 비룡소	달에서 절굿공이를 떨어뜨린 토끼가 마을로 내려와 추석을 보내는 사람들의 모습을 구경한다.
『빈이의 설날』 서동선, 엔이키즈	빈이네 가족이 설을 보내는 모습을 보여준다.
『설날』 윤극영, 문학동네	친근한 동요를 바탕으로 설날의 모습을 보여준다.
『설날』 정인철, 베틀북	설날 인사의 '복'에 대한 진정한 의미를 살펴본다.
『설빔』 배현주, 사계절	여자아이 고운 옷, 남자아이 멋진 옷 두 가지 책으로 설빔을 입는 과정을 보여준다.
『솔이의 추석 이야기』 이억배, 길벗어린이	1970-80년대 추석의 풍경을 그림으로 자세히 표현했다.
『씨름 도깨비의 추석』 김효숙, 키즈엠	주인공에게 씨름을 하자고 조르던 도깨비가 주인공을 따라 마을로 가 추석 준비를 돕는다.
『엄마 반 나도 반 추석 반보기』 임정자, 웅진주니어	우리나라 추석 풍습인 반보기에 대해 알려 준다.
『연이네 설맞이』 우지영, 책읽는곰	설빔 짓기, 설음식 준비 등 설을 맞이하는 모습을 자세하게 보여 준다.

책(제목, 저자, 출판사 순)	내용
『우리 우리 설날은』 임정진, 푸른숲주니어	설날을 맞이해 할아버지 댁에서 설을 준비하는 모습을 보여주고 설날의 다양한 문화를 알려준다.
『추석 전날 달밤에』 천미진, 키즈엠	추석 전날 온 가족이 둘러앉아 송편을 빚는다.
『추석에도 세배할래요』 김홍신, 노란우산	추석을 맞이하는 가족들의 모습과 추석에 하는 놀이를 알 수 있다.
『콩닥콩닥 혜원이의 추석맞이』 브레멘창작연구소, 브레멘플러스	시장에서 장도 보고 음식을 준비하는 등 추석을 보내는 혜원이네 가족의 모습을 보여준다.
『한가위만 같아라』 무돌, 노란돼지	신라 유리왕 때의 길쌈내기를 활용해 추석의 유래와 의미를 알려준다.

생명 존중

[1-1-봄] 2. 도란도란 봄동산, [2-1-여름] 2. 초록이의 여름 여행

책(제목, 저자, 출판사 순)	내용
『검은 강아지』 박정섭, 웅진주니어	주인에게 버려진 하얀 강아지가 검은 강아지로 변해가고 버려진 거울 속 강아지를 의지하면서 주인을 기다린다.
『고라니 텃밭』 김병하, 사계절	가꾸어 놓은 텃밭을 고라니가 망쳐 놓지만, 텃밭을 함께 나누어야 할 생명으로 고라니를 받아들인다.
『나를 세어봐!』 케이티 코튼, 한울림어린이	사라져가는 야생 동물들의 수를 생각하면서 생명의 소중함을 느낄 수 있다.
『나무는 내 친구』 로사나 보수, 지양어린이	참나무와 그 주위에 살고 있는 생물들에 대해 알려준다.
『늑대』 스므리티 프라사담홀스, 행복한그림책	사라져 가는 동물, 늑대의 생태에 대해 자세하게 알려준다.

책(제목, 저자, 출판사 순)	내용
『담벼락의 고양이 이웃』 신지상, 창비	길고양이도 우리의 이웃이라는 관점으로 동물의 생명권 보장에 대해 알려 준다.
『두더지 집을 지켜 줘!』 루이스 무르셰츠, 푸른숲주니어	도시개발 문제로 두더지의 집이 위태로워지는 이야기로 자연의 소중함을 알려준다.
『멋진 하루』 안신애, 고래뱃속	한 가족이 쇼핑몰에서 멋진 하루를 보내는 모습과 쇼핑몰의 물건으로 희생된 동물들을 비교하면서 보여준다.
『생태 통로』 김황, 논장	생태 통로를 통해 동물이 희생되지 않고 공존하는 방법에 대해 생각해 볼 수 있다.
『아리를 지켜라!』 이나영, 낮은산	주인공은 키우던 병아리가 점점 커져 닭이 된 후 키우기 힘들어졌지만 생명을 대하는 태도를 배운다.
『아마존 숲의 편지』 잉그리드 비스마이어 벨링하젠, 해솔	지구의 허파인 아마존 숲의 동식물의 멸종 위기에 대해 다룬다.
『안녕, 폴』 센우, 비룡소	남극기지의 대원들이 지구온난화로 버려진 알들을 홀로 돌보던 아기 펭귄을 도와 펭귄들을 살린다.
『지혜로운 멧돼지가 되기 위한 지침서』 권정민, 보림	도심으로 쫓겨난 멧돼지들을 통해 자연과의 공존을 생각하게 한다.
『콰앙』 조원희, 시공주니어	짧은 시간 일어나는 두 사고를 보며 우리 사회가 동물을 대하는 태도에 대해 다룬다.

안전

1, 2학년 안전한 생활

책(제목, 저자, 출판사 순)	내용
『교통 안전』 노경실, 알라딘북스	교통질서에 꼭 필요한 안전에 대한 내용을 다룬 동화.

책(제목, 저자, 출판사 순)	내용
『나를 지키는 안전 그림책 시리즈』 이기규, 주니어김영사	학교생활, 교통수단 이용 시 지켜야 할 안전수칙을 알려준다.
『또조심과 함께하는 안전이야기』(시리즈) 문상수 외, 국민서관	생활, 신변, 교통, 소방, 재난 등 다양한 분야와 관련해 생활안전지침을 알려준다.
『바이러스를 조심해!』 엘리자베스 버딕, 보물창고	세균의 감염을 피하는 법, 질병으로부터 건강한 생활을 유지하는 법을 소개한다.
『불똥맨, 불이 나면 어떡하죠?』 에드워드 밀러, 비룡소	어린이가 알아야 할 화재 안전 상식을 소개한다.
『아유, 깜짝이야!』 최은규, 교학사	다양한 안전사고의 상황과 대처 방법을 우화를 통해 알려준다.
『안전, 나를 지키는 법』 임정은, 사계절	생활 속에서 일어날 수 있는 안전사고의 상황을 게임을 하듯이 체험할 수 있다.
『안전을 책임지는 책』 채인선, 토토북	안전에 관해 상황별로 알려주는 플랩북.
『어린이 안전 365 시리즈』 박은경, 책읽는곰	유괴, 성폭력, 교통안전, 학교생활, 가정생활, 공공장소와 관련된 안전사고에 대해 알려 준다.
『오싹오싹 진드기 조심조심 야외 활동』 김은중, 아르볼	계절별로 안전하게 할 수 있는 야외활동 방법을 알려준다.
『왜왜왜? 꼭 알아야 할 교통질서』 앙겔라 바인홀트, 크레용하우스	주인공이 집으로 가는 길을 따라가 보면서 교통안전 수칙을 배울 수 있다.
『일 년 내내 안전한 생활』(시리즈) 최영미 외, 아르볼	안전사고로 일어날 수 있는 다양한 모습을 이야기를 통해 알려준다.
『쳇! 어떻게 알았지?』 심미아, 느림보	빨간 모자 패러디를 통해 낯선 사람을 조심해야 한다는 것을 알려준다.
『출동! 소방차』 생각연필, 대원	화재 때 일어날 수 있는 일들을 보여준다.

입학

[1-1-우리들은 1학년], [1-1-봄] 1. 학교에 가면

책(제목, 저자, 출판사 순)	내용
『나의 첫 사회생활』 윌어린이지식교육연구소, 길벗스쿨	초등학교 입학 후 학교생활을 어떻게 해야 하는지 상황별로 알려준다.
『난 학교 가기 싫어』 로렌 차일드, 국민서관	오빠 찰리가 학교에 가기 싫어하는 동생 로라에게 학교에 가면 좋은 점을 알려준다.
『다다다 다른 별 학교』 윤진현, 천개의바람	각각 다른 모습, 성격을 가진 아이들이 모여 함께 생활하는 학교의 모습을 보여준다.
『두근두근 1학년, 새 친구 사귀기』 송언, 사계절	1학년이 된 도훈이는 윤하와 친구가 되고 싶어 노력한다.
『두근두근 1학년, 선생님 사로잡기』 송언, 사계절	1학년이 된 윤하는 호랑이 같은 선생님에게 미움을 받을까 두려워한다.
『똑똑한 1학년』 문현식, 미세기	예비 1학년의 고민과 걱정스러운 상황들을 이야기로 재미있게 풀어낸다.
『입학을 축하합니다』 김경희, 책먹는아이	학교에 대해 막연한 두려움을 가지고 있는 도윤이의 마음을 보여준다.
『처음 학교 가는 날』 제인 고드윈, 파랑새어린이	처음 학교에 갈 때 준비하는 모습부터 친구 사귀는 모습까지 다양한 학교생활을 보여 준다.
『초등학교 입학을 축하합니다!』 최옥임, 키즈엠	입학식과 등·하굣길의 모습, 수업 과정, 급식 시간 등의 학교생활을 자세히 안내한다.
『코끼리가 꼈어요』 박준희, 책고래	처음 학교에 가는 아이가 데려간 코끼리가 교실 문에 끼이는 사건이 발생한다.
『학교 가기 조마조마』 어린이통합교과연구회, 상상의집	학교 가기 전 걱정하는 서연이의 마음을 '조마조마'라는 조랑말을 통해 표현한다.
『학교 처음 가는 날』 김하루, 국민서관	학교 가기 전 걱정으로 잠 못 이루던 호야에게 학교가 매일 가고 싶은 곳이 된다.

책(제목, 저자, 출판사 순)	내용
『학교가 즐거울 수밖에 없는 12가지 이유』 노은주, 단비어린이	학교생활에서 경험하는 다양한 사례를 실감 나게 설명해 준다.

친구

[1-1-봄] 1. 학교에 가면, [1-안전한 생활] 3. 소중한 나, [2-1-봄] 1. 알쏭달쏭 나

책(제목, 저자, 출판사 순)	내용
『나를 찾아 줘!』 오라 파커, 푸른숲주니어	대벌레가 학교에 처음 간 날 나뭇가지와 똑같아 친구들이 알아보지 못하는 상황에서 자신을 표현하기 위해 노력한다.
『내 친구의 다리를 돌려줘』 강경수, 뜨인돌어린이	다른 친구들에게 다리를 주고 2개만 남은 착한 거미를 위해 주인공은 다리를 돌려달라고 한다.
『내가 보여?』 박지희, 웅진주니어	학교에서 투명인간처럼 취급받던 아이가 점점 친구들의 관심을 받으며 자신의 모습을 드러낸다.
『내가 진짜 고양이』 미야니시 타츠야, 북스토리아이	두 마리의 고양이가 누가 진짜 멋있는 고양이인지 경쟁하면서 다양한 감정들을 경험하고 우정을 확인한다.
『달라도 친구』 허은미, 웅진주니어	아이들은 각자 다른 처지에 놓여 있지만 서로 차별하지 않고 친구로 지낸다.
『달리기가 좋아』 이명환, 계수나무	달리기대회 1등을 하고 싶은 토끼가 다른 동물들이 못 뛰게 하려 하지만 친구들의 배려로 결국 함께 1등을 한다.
『별들이 다 어디 갔지?』 수즈 휴즈, 세용출판	별들이 반짝거리도록 매일 닦던 외계인이 지구에 광택제를 구하러 와서 조지라는 친구를 만나게 된다.
『새 친구 사귀는 법』 다카이 요시카즈, 북뱅크	친구 사귀는 법에 대해 나와 있다. 친구 사귀기 전 나는 어떤 아이인지 확인하는 기회도 제공한다.

책(제목, 저자, 출판사 순)	내용
『소녀를 사랑한 늑대』 마리 콜몽, 한올림어린이	서로 친구가 될 수 없는 사이임에도 친구가 되는 과정을 보여준다.
『이제 너랑 안 놀아!』 혜경, 키즈엠	단짝 친구들이 다투고 난 후 서로에게 사과하는 모습을 통해 친구와 싸운 후 어떻게 하면 좋은지 배운다.
『짝꿍 바꿔 주세요!』 다케다 미호, 웅진주니어	은지는 늘 짝꿍이 괴롭혀서 학교에 가기 싫지만 알고 보면 짝꿍은 은지와 친하게 지내고 싶은 마음을 표현한 것이다.
『친해질 수 있을까?』 츠지무라 노리아키, 스콜라	서로 다른 성격의 아이가 친구가 되어 가는 과정을 담고 있다.
『큰 늑대 작은 늑대』 나딘 브룅코슴, 시공주니어	두 늑대는 서로 다른 모습에 처음에는 경계하지만 조금씩 다가가며 친구가 된다.
『파리와 꿀벌』 랜디 세실, 키즈엠	친구와 싸웠지만 어려운 상황이 닥쳤을 때 함께 극복하는 모습을 보여준다.

선생님을 위한
두근두근
처음 도서관

1판 1쇄 발행 2020년 6월 26일
1판 2쇄 발행 2022년 10월 6일

지은이	박성희, 유남임, 이윤희, 황은영
펴낸이	한기호
책임편집	여문주
편집	서정원, 박혜리, 이선진
본부장	연용호
마케팅	하미영
경영지원	김윤아
디자인	블랙페퍼디자인
인쇄	예림인쇄
펴낸곳	(주)학교도서관저널
출판등록	제2009-000231호(2009년 10월 15일)
주소	121-839 서울시 마포구 동교로 12안길 14(서교동) 삼성빌딩 A동 3층
전화	02-322-9677
팩스	02-6918-0818
전자우편	slj9677@gmail.com
홈페이지	www.slj.co.kr

ISBN 978-89-6915-079-0 03370

이 도서의 국립중앙도서관 출판예정도서목록(CIP)은 서지정보유통지원시스템 홈페이지(http://seoji.nl.go.kr)와
국가자료종합목록 구축시스템(http://kolis-net.nl.go.kr)에서 이용하실 수 있습니다. (CIP제어번호 : CIP2020025171)
책값은 뒤표지에 있습니다.